*ENQUÊTES*

DU MÊME AUTEUR

*Telle est la télé*, Megrelis, 1982.
*Andriana*, roman, Mazarine, 1984.

Noël Mamère

# La dictature de l'Audimat

Pour Michèle
et Pierre.
Amitiés,

ÉDITIONS LA DÉCOUVERTE
1, place Paul-Painlevé
Paris Ve
1988

REMERCIEMENTS

Je tiens à remercier toutes les personnalités dont les noms suivent, qui ont accepté de sacrifier un peu de leur temps pour répondre à mes questions : Jacques Antoine, PDG de JAC Productions ; Stéphane Barbier et Jean-Guy Gingembre, auteurs de *Maguy* ; Edward Behr, correspondant de *Newsweek* ; Pierre Bertrand-Jaume, directeur de la société Ellipse ; Marie-France Brière, directrice oes programmes sur la Cinq ; Hervé Brusini, grand reporter, rédacteur en chef adjoint du journal de vingt heures sur Antenne 2 ; Dominique Cantien, directrice de l'unité Variétés et divertissement sur TF1 ; Roland Cayrol, sociologue ; Ariane Chemin, journaliste ; Pierre Desgraupes, président de Sofica Création ; Michel Drucker, producteur de « Champs Élysées » ; Marc Gurnaud, producteur délégué de « La Roue de la fortune » ; Pascal Josèphe, acheteur d'espaces, directeur de la société Carat TV ; Bruno Masure, présentateur des journaux du week-end sur TF1 ; Jean-Louis Missika, sociologue, directeur du SID ; Christian Morin, présentateur de « La Roue de la fortune » ; Daniel Patte, journaliste, responsable artistique de « Télématin » ; Pierre Salinger, représentant pour l'Europe de la chaîne américaine ABC ; Anne Sinclair, journaliste, productrice de « Questions à domicile », TF1 ; Michel Souchon, responsable des sondages sur Antenne 2 ; Dominique Tierce, grand reporter à Antenne 2 ; Alain Touraine, sociologue.

Si vous désirez être tenu régulièrement informé de nos parutions, il vous suffit d'envoyer vos nom et adresse aux Éditions La Découverte, 1, place Paul-Painlevé, 75005 Paris. Vous recevrez gratuitement notre bulletin trimestriel **A La Découverte**.


ISBN 2-7071-1790-0

*A Fanchon, sans l'aide et la rigueur de laquelle ce livre n'aurait pu voir le jour.*

*A Adrien, mon fils.*

*A François, pour sa compréhension et ses conseils précieux.*

# AVERTISSEMENT

Messieurs les présidents et vos valets, messieurs les grands timoniers de la nouvelle culture cathodique à la dérive sur 635 lignes, je vous demande de ne pas jeter tout de suite dans vos poubelles d'or — celles où vous avez trouvé tant de programmes passés qui font votre fortune d'aujourd'hui — ce que vous appellerez, au choix de vos humeurs, une supplique, un pamphlet, un constat, un projet... Ne me jetez pas, et pourtant, je vous sens déjà comme pris de malaise à la vue d'une encre qui ne vous est pas sympathique. Vous vous méfiez et vous avez raison. Je n'ai pas du tout l'intention de vous épargner, au contraire : c'est à cause de ce que vous êtes en train de faire subir à notre télévision — je parle de celle que les Français ont payée pendant trente ans — que je viens sur le métier remettre mon ouvrage.

Votre loi du fric et de l'audience n'est rien d'autre qu'une déclaration de guerre au bon sens et aux « humanités ». Grâce à la complicité de quelques politiques sans scrupules mais non sans projets, vous vous êtes arrogé le droit de mépriser le plus grand nombre, plus connu sous le nom de public, que vous trimbalez de jeux en *shows* et de *shows* en séries américaines en lui faisant accroire par des sondages bidons que vous tenez compte de son opinion. Télé mépris + télé mensonge = télé de M... N'est-ce pas MM. Bouygues, Hersant et consorts ? Vous vous êtes emparés d'un instrument prodigieux de puissance pour mieux asservir ce « public », pour mieux l'hypnotiser par les pirouettes de vos saltimbanques peu regardants sous leurs masques dorés. En moins de temps qu'il n'en faut pour le dire, ils ont exécuté la culture à coups de sensationnel, de mode et de spectacle.

Nous vivons dans une société schizophrène — que d'autres appellent « duale » ou « à double vitesse ». Aucun de ceux auxquels les médias accordent une apparente légitimité n'y échappe. De Tapie à Montand, les donneurs de leçons défilent sur nos écrans en modèles de la société du « prêt-à-penser »... Jusqu'au jour où l'on découvre, stupéfait, que la leçon coûte neuf mille francs la minute ! Le commerce a aussi sa logique de l'absurde. Au nom de quoi, de quelle démission, devrions-nous accepter cette logique-là ? D'autres voies sont possibles, je le sais. Entre « La Roue de la fortune » et « Océaniques », il doit bien exister un juste milieu qui permettrait d'assurer ce minimum vital, culturel et démocratique, qui nous fait tant défaut aujourd'hui. C'est cette voie-là qu'il devient urgent d'explorer. Ce livre veut y contribuer, en tentant de répondre à tous ceux qui voudraient mieux comprendre pourquoi les promesses d'émulation par la concurrence — d'un marathonien accidentellement ministre de la Culture — ont débouché sur un tel fiasco ; pourquoi la dictature de l'audimat a corrompu et piégé nos écrans ; pourquoi les journalistes que nous sommes jouent sans mot dire la partie truquée de la « démocratie cathodique ». Dans la confrontation de mon expérience aux témoignages aussi bien de ceux qui font aujourd'hui notre télévision que de ceux qui l'observent, sociologues ou journalistes étrangers, je souhaite que chacun trouve ici les outils de sa compréhension et de sa critique.

Ces réponses-là ne vous plairont pas, messieurs les présidents, mais peu importe. Ce livre n'a pas été écrit pour vous séduire. Je n'attends rien de vous. Mon ambition est ailleurs. En rappelant quelques vérités parfois interdites, je voudrais simplement contribuer à réduire l'invraisemblable fossé que vous avez creusé entre les professionnels de la télévision et ses usagers.

# Prologue

## Nulle part ailleurs...

« Moi, je n'ai pas peur de dire que la télévision française est en train de devenir une des meilleures d'Europe[1]. » Martelée un an après l'adoption de la loi de septembre 1986, cette assertion de François Léotard, alors ministre de la Culture, reflétait son inconscience. Comment pouvait-il afficher une telle assurance devant la décomposition du paysage audiovisuel ? Comment pouvait-il, sans le moindre scrupule, claironner que tout allait bien, alors que la réalité démontrait le contraire ?

Quelle n'avait dû être sa déception — ou sa fureur — en lisant les propos peu amènes de Pierre Sabbagh, membre de la CNCL : « Toutes les chaînes font le même programme, de face ou de dos, avec un faux nez, mais toujours dans la même médiocrité. Une uniformité qui tire vers le bas, vers la facilité. C'est encore pis que ce que j'imaginais[2]. » Sévérité d'un verdict qui rejoignait cette critique de Pierre Desgraupes : « C'est un champ de bataille. La réforme est malade d'avoir été faite de manière trop hâtive. Il fallait se donner du temps, comme les Anglais. Il leur a fallu des années pour mettre en place le système qu'ils ont aujourd'hui. Nous, pour des raisons évidemment politiques, on a voulu faire les choses à toute vitesse. Pour ouvrir les portes au privé, il fallait savoir quel type de rapports, quel type de concurrence, on voulait établir

1. Déclaration de François LÉOTARD au *Journal du dimanche*, 18 octobre 1987.
2. Propos de Pierre SABBAGH au *Nouvel Observateur*, 16 octobre 1987.

avec le secteur public... Toutes les initiatives qui ont été prises, aussi bien à l'époque de la création de la Cinq que plus tard, n'ont concerné que le privé et jamais le public. On ne s'est pas interrogé sur FR3, on ne s'est jamais posé de questions, jamais interrogé sur la complémentarité des chaînes publiques... Bref, il y a deux modèles en Europe : un mauvais, l'italien, et un bon, l'anglais... On a plutôt choisi le mauvais. »

S'il n'y avait eu que les « pères fondateurs » pour se plaindre, on aurait pu dire qu'ils radotaient. Mais leurs successeurs ont réservé à François Léotard la même volée de bois vert. Bertrand Tavernier a parlé de « crime à l'égard de la culture française ». Claude Santelli s'est indigné : « L'auteur de télévision n'est plus maître chez lui, le TGV publicitaire traverse son jardin. »

Comble de l'affliction pour le ministre, ses partisans d'hier devenaient des adversaires. Jacques Seguela, publicitaire et défenseur de la création des chaînes privées, conseiller de Francis Bouygues, ne mâchait pas ses mots : « Nous sommes entrés dans l'ère de la télé-désillusion... On pourrait penser que la libération des télés, sous le célèbre signe du "mieux disant culturel", aurait permis de réinventer la télévision alors que c'est le contraire qui se produit. Le plus grave est l'obstination des dirigeants de chaînes à regarder l'avenir dans le rétroviseur des audiences passées et perdues à jamais. » Et comme si cette mise en pièces n'était pas assez explicite, il posait le vrai problème du système Léotard : « La recherche acharnée de quelques points audimat supplémentaires balaie inévitablement la création sur son passage. Désormais, les marchands d'audience ont pris la relève des poètes et des inventeurs... C'est le règne de la télé-marketing ! A tel point qu'on peut, qu'on doit se poser deux questions : tout d'abord, les Français ne sont-ils que des veaux qui regardent la télévision comme on voit passer des trains ? Ensuite et surtout, à quoi sert la CNCL [3] ? »

3. Interview de Jacques SEGUELA à *Libération*, 4 août 1987.

A virer Michel Polac, cher Jacques Seguela, à permettre l'implantation d'émetteurs RPR en Nouvelle-Calédonie, à choisir des PDG de chaînes étiquetés RPR... Nous reviendrons en détail sur tout cela.

En septembre 1987, un sondage BVA affirmait : « 51 % des Français considèrent que la qualité de la télévision a ''plutôt baissé'' depuis la vague de privatisations. » Des professionnels aux usagers, François Léotard faisait donc l'unanimité contre lui. Pour avoir été séminariste, il aurait dû savoir ce que prêcher dans le désert veut dire !

## Vu d'ailleurs

Le regard dépassionné mais vigilant de nos confrères étrangers ne fait qu'apporter de l'eau à notre moulin. Ainsi Edward Behr[4], que je rencontrai pour la première fois sur le plateau de « Droit de réponse », pour un débat sur la privatisation et le PAF[5]. Je ne connaissais de mon confrère britannique que sa maison de Ramatuelle. Sur la terrasse dominant les pentes d'oliviers et de chênes méditerranéens, j'y avais interviewé Stéphane Audran pour le journal de 13 heures. Je faisais donc connaissance du journaliste de *Newsweek*, un soir de février 1987 où le hasard m'avait placé à sa table, tout à côté de Jean-François Kahn. Juste en dessous de nous, à l'avant-scène et dans la lumière, Élie Vannier. Il venait d'être nommé directeur de la rédaction d'A2 et, déjà, ne me portait pas dans son cœur. Près de lui, Robert-André Vivien, député RPR spécialiste des questions audiovisuelles, affalé sur le velours, les yeux mi-clos, comme s'il venait de livrer bataille à un repas bien arrosé. Il y avait là quelques autres acteurs politiques, des défenseurs du service public, et des confrères étrangers dont Claude Torracinta, le responsable de « Temps présent »,

4. Edward BEHR est le correspondant à Paris de l'hebdomadaire américain *Newsweek*.
5. *PAF* : abréviation, devenue familière, pour désigner le paysage audiovisuel français.

l'excellent magazine d'investigation de la télévision suisse romande.

Participer à un débat télévisé en présence du patron de sa rédaction, dont la tâche à ce poste est précisément, soupçonne-t-on, de faire « le sale boulot », n'est pas facile. Il faut peser ses mots, éviter les débordements du direct, choisir le moment de son intervention (ce qui, chez Michel Polac, n'est pas toujours évident !). Je savais aussi que le moindre faux pas me serait reproché. Mon directeur me l'avait laissé entendre l'après-midi même dans son bureau : « Il faut donner une image unie du service public. Polac cherchera à nous opposer, le jeu de la concurrence nous en empêche. » Ou encore : « B. m'a prévenu, tu vas parler des pressions ''intolérables'' d'avant 1981, et moi, je défendrai la boutique. »

Pendant l'émission, Edward Behr ne prononça pratiquement pas un mot, il observait les intervenants avec un flegme tout britannique. Jean-François Kahn aussi, mais à quelques signes qui ne trompent pas, je le sentais attendre le moment propice pour faire son numéro. Il n'arrêtait pas de gigoter, de cligner des yeux et de se passer la main sous le menton, ses tics favoris.

Comme le voulait Michel Polac, le débat s'était transporté sur le terrain politique. Aux « épurations » de 1981 dénoncées par Hugues Dewavrin[6], l'animateur de l'émission répondait par les « charrettes » de 1974 et celles qui commençaient à Radio-France et à FR3. Le ton montait... Robert-André Vivien, enfin réveillé, s'apprêtait à se lancer dans une défense et illustration des « hommes nouveaux » (!) de l'audiovisuel, quand il fut brusquement interrompu par une bourrade venue du haut. Interloqué et déstabilisé, il se retourna légèrement et vit Jean-François Kahn le prendre à partie.

Ce dernier avait trouvé sa cible, le numéro pouvait commencer. A haute voix, presque écumant, il égrenait les noms

6. Hugues DEWAVRIN, rédacteur en chef du journal du Parti républicain.

des amis du RPR mis en place dans l'audiovisuel au lendemain du 16 mars 1986 :

« Et Contamine, PDG d'A2, membre de la commission audiovisuelle du RPR, ancien du cabinet de Peyrefitte à l'Information, c'est pas politique, monsieur Vivien ? » Et pan ! une grande claque sur l'épaule.

« Et Han, PDG de FR3, membre du RPR, c'est pas politique, monsieur Vivien ? » Et pan ! une autre claque sur l'épaule. Robert-André Vivien se tassait sous les coups en même temps que sous la risée du studio.

Discrètement, je jetais un œil sur mon directeur de la rédaction, en pensant : Kahn a tout dit, il faut pourtant que je parle, que je trouve le moyen et le moment. Mais un tonnerre d'applaudissements et de rires éclata soudain : le patron de l'*Événement*, essoufflé, venait de terminer sa prestation, et, l'air inquiet, il me demandait, comme un débutant : « Ça allait ? »... Je l'ai toujours soupçonné d'aimer qu'on l'aime !

Quelques minutes plus tard, profitant d'une baisse de tension, j'expliquai à mon tour que de 1981 à 1986, nous avions pu faire notre métier normalement grâce à la Haute Autorité et à des directeurs de rédaction respectés et respectables. Et j'exprimai mes inquiétudes sur ce que nous réservait la « nouvelle donne » chiraquienne... Edward Behr, qui souriait à ce spectacle, s'approcha de moi et me dit : « Vous, les Français, vous êtes fous. Décidément, vous ne vous en sortirez jamais ! » Pas plus que Claude Torracinta, il ne demanda la parole à Michel Polac, tant ce débat, pourtant grave, lui paraissait franco-français et stérile.

Toutefois, plus tard dans le calme de son appartement parisien, « ce qui est curieux, me confiait-il, c'est de constater que tout ce qui s'est passé depuis la privatisation ne cesse d'être critiqué, vilipendé par à peu près tout le monde : des producteurs de cinéma qui se plaignent de la baisse de leurs recettes aux professionnels eux-mêmes. Ils ne sont pas révolutionnaires mais restent très critiques. Souvenez-vous de la soirée des "7 d'or" et du triomphe fait à Polac. Votre vrai problème en

France, c'est le côté tardif — à contenu hautement symbolique et politique — de la privatisation. En transformant une chaîne nationale, la plus ancienne, en chaîne privée vous n'y êtes pas allés avec le dos de la cuillère ! En Angleterre, on s'y est tout de même pris un peu mieux. Il y avait une chaîne non commerciale, la BBC, et très tôt — en 1955 je crois — on a créé la télévision commerciale. Il y a eu compétition, mais non ce transfert si brutal et traumatisant du non-commercial au commercial ». En bref, c'était, en termes choisis, une exécution en règle de la loi Léotard et du modèle libéral plaqué avec précipitation sur un tissu qui ne pouvait supporter la greffe, faute de temps pour digérer ses rejets.

Pierre Salinger, responsable pour l'Europe de la chaîne américaine ABC et ressortissant d'un pays ultra-libéral porte le même regard critique : « J'ai toujours été favorable à la création de chaînes privées en France mais, constamment, contre la privatisation de TF1, parce que c'était la chaîne la plus importante de la télévision d'État. Vous auriez dû suivre l'exemple des Britanniques. Ils ont su préserver BBC1 et BBC2, les deux grands réseaux d'État, tout en ouvrant un espace au privé. Mais pas trop de privé. Aujourd'hui, en Angleterre, la concurrence joue à plein : les programmes de la BBC se sont améliorés, et le privé, notamment avec Channel 4, montre au public qu'on peut faire des chaînes indépendantes de grande valeur. »

Même si mon confrère n'ignore pas que ce sont les pires aspects du modèle américain que nous avons copiés, il pense qu'on pouvait néanmoins s'en inspirer pour le processus de privatisation, mais en choisissant FR3 : « Il aurait suffi de créer un réseau de stations affiliées (en Amérique on dit *syndication*) à un *network* national que l'on aurait vendues aux plus offrants avec un cahier des charges strict et, notamment, l'impossibilité de posséder plus de deux stations, pour éviter des situations à la NRJ ou à la Hersant que l'on trouve sur la FM. » Toutefois cette argumentation ignore le poids des grands groupes de presse régionaux, qui se seraient empressés d'élargir leur monopole par le truchement des stations locales. D'ailleurs Pierre Salinger se rend lui-même compte des limites de sa proposition : « Il n'y a pas eu de privatisation de FR3 parce que les hommes politiques régionaux n'en ont pas voulu. Ils ont eu peur de perdre les commandes sur les stations locales. Mais j'ai aussi rencontré des gens qui m'ont dit : on ne peut pas privatiser FR3 parce qu'il n'y a pas d'acheteurs... et parce qu'il y a trop de communistes ! Incroyable, non ? Voyant des communistes partout, ils ont eu peur de troubles sociaux au moment du passage du public au privé, qui aurait forcément entraîné des licenciements. » Pauvres confrères communistes ! Écartés des médias pendant des décennies, ils n'étaient que quelques dizaines après 1981 et sans carte du Parti pour la plupart. A qui ferait-on croire qu'ils étaient capables d'intimider le nouveau pouvoir ?

Tacite écrivait à propos d'un général romain revenu d'une sanglante bataille : « J'ai fait un désert et je l'ai nommé Paix. » De même, en 1987, Jacques Chirac, François Léotard et leur bande ont cassé la machine audiovisuelle et l'ont appelée Liberté. Non contents d'offrir la télévision à des marchands, ils lui ont fait prendre un retard tel qu'elle peinera pour rattraper le train de l'Europe.

# *I*

# *La dictature de l'Audimat*

# 1

# Copies conformes

Gardez-vous encore le souvenir de cet automne 1986, quand François Léotard et ses amis avaient embouché les trompettes du libéralisme pour annoncer la révolution de l'audiovisuel français ? Souvenez-vous de ces tonitruantes déclarations sur les bienfaits de la concurrence qui devait enfanter « l'émulation » et « la création ». Il fallait comprendre fric et plagiat.

Gouvernés par une nouvelle devise : « profit et audience », nos programmateurs zélés se sont rués comme des affamés sur tout ce qui rapportait de l'argent et pouvait se copier facilement. Outre-Atlantique, ils ont acheté des jeux clefs en main, déjà rentabilisés chez les Américains. Comme le chien de Pavlov, ils se sont jetés sur l'assiette des séries, des jeux et autres feuilletons assaisonnés au ketchup.

C'est ainsi qu'au lendemain de l'explosion en six chaînes de notre univers cathodique, on a vu pousser sur nos écrans, comme champignons après la pluie, une kyrielle de jeux en tout genre. Cette invasion éclair des grilles de programmes, sans cohérence et à moindre frais, allait bientôt se transformer en une véritable occupation. Nous entrions dans l'ère de la télé-cadeau.

## La mafia des jeux

A l'époque de l'ORTF, la télévision ne comptait que sur elle-même pour produire ses émissions, y compris les émissions-jeux. Mais faute de talent ou d'imagination, elle dut bientôt se tourner vers des sociétés privées qui faisaient déjà les beaux jours de la radio.

Jacques Antoine, Pierre Bellemare, Armand Jammot, Guy Lux : des noms familiers, ceux des hommes qui, depuis que la télé existe, contrôlent le marché du jeu sur nos écrans après avoir assuré le succès des jeux radiophoniques. C'est ainsi que « Vous êtes formidable », « Seul contre tous », « 100 francs par seconde » permirent à Jacques Antoine de forcer les portes de la télévision. « Ils sont venus nous chercher parce qu'on était les meilleurs, explique-t-il. Ils y étaient obligés. » Le fait est que le « maître du jeu » contrôle aujourd'hui, outre le holding JAC (Jacques Antoine et Cie), quatre sociétés spécialisées : les unes dans le documentaire et la fiction (TCA et TVR), les autres dans le jeu et le divertissement (Télé-Union et Tilt Productions). Elles emploient soixante-dix personnes.

Une nécessité ? « Non, le fruit du hasard. J'ai d'abord créé Télé-Union et me suis associé avec la CLT. Puis j'ai monté une filiale de Télé Monte-Carlo en Italie et une société annexe de diffusion qui n'a pas très bien marché... A un moment donné, je me suis retrouvé avec du personnel dont je ne savais plus que faire. C'était en 1981. J'ai alors renoué le contact avec un vieux copain, Jean Bardin, et je lui ai dit : ''Pourquoi on ne ferait pas une société en utilisant ce personnel inoccupé ?'' On l'a faite. Pour la création de Tilt Productions, c'est presque le même hasard. Le mari de ma secrétaire avait une société avec Pesnot et Alfonsi, ils étaient dans la mouise et m'ont demandé de les aider... On a renfloué la société, j'ai pris une participation... Et voilà ! » Un empire ? « Non, un groupe, un petit groupe qui doit faire marrer les grands ! » Un « petit groupe » qui a tout de même dominé le marché des jeux télévisés pendant un quart de siècle...

En 1985, sur les trois chaînes, Jacques Antoine produisait dix émissions, parmi lesquelles « Le Grand Raid », « L'Académie des neuf », « Tournez manège », « Les Jeux de vingt heures », etc. Au début 1988, tel Unilever lançant simultanément sur le marché Omo superblanchissant et Spic superdétartrant, il organisait sa propre concurrence. A la même heure, il produisait « Tournez manège » sur TF1 et « L'Académie des neuf » sur A2. Monopole ? « Il ne faut rien exagérer, répond Jacques Antoine, les gens parlent de monopole parce que nous savons bien faire nos émissions et parce qu'elles durent. C'est ce qui a fait notre force. Les "Jeux de vingt heures" ont duré plus de douze ans, "L'Académie des neuf", sept ou huit ans... On fait bien notre boulot, c'est tout. »

Mais l'ouverture du PAF aux lois du marché a enrayé le fonctionnement de cette belle machine. « Tout le monde attendait cette ouverture comme un Eldorado, poursuit le producteur. En septembre 1987, on ne comptait pas moins de trois cents nouvelles sociétés de production ! Nouvelles sociétés, nouvelles télés, nouveaux dirigeants (qui ne connaissent pas toujours très bien l'instrument), il est évident que notre monopole [il l'a dit !] devait en prendre un coup. Il faut que l'on fasse à nouveau la preuve que, décidément, on est les meilleurs. »

Mais l'âge d'or est fini. Désormais, il faut accepter d'être plus partageux. Jacques Antoine en fit la douloureuse expérience dès janvier 1988, quand il dut céder la place à la jeune société Ellipse [1] qui emportait le marché avec ses « Mariés de l'A2 », une copie conforme de l'émission américaine « The Newly-Wed Game ». « En France, explique Pierre Bertrand-Jaume, le jeune directeur d'Ellipse venu tout droit d'Antenne 2, deux types occupaient le créneau du jeu : Jacques Antoine et Pierre Bellemare — et leurs petites bandes —, mais avec des formats usés, inexportables et à usage interne. Pour casser ce monopole, nous sommes allés aux États-Unis et nous avons regardé des jeux qui sont à l'antenne depuis une bonne décennie, comme "The Wheel of Fortune". Puis, par l'intermédiaire de Canal Plus, nous avons rencontré les gens de

1. *Ellipse* : société de production de jeux, fictions et *talk-shows*, filiale de Canal Plus, dirigée par Pierre BERTRAND-JAUME et présidée par Pierre LESCURE.

Talbot-Fremantle, une société d'origine britannique, les plus gros distributeurs de jeux américains. Nous leur avons acheté un catalogue de 34 jeux que nous avons présenté aux chaînes françaises. C'est Antenne 2 qui s'est décidée la première. A l'époque, elle cherchait à remplacer "L'Académie des neuf", en perte de vitesse. Nous lui avons proposé "The Newly-Wed Game", que l'on a appelé "Les Mariés de l'A2". On a conservé la technique américaine, la "mécanique" du jeu, telle que les écrans qui s'allument, les flashes, les couleurs du décor, et là-dessus, on a essayé de plaquer un esprit français. Pour faire ce boulot, très difficile, on a un vrai pro : Jean-Claude Buchez, le producteur exécutif du jeu. Il a derrière lui "L'Académie des neuf" (avec Jacques Antoine !), "Sportquizz", "La Gueule de l'emploi" et, dans un autre registre, "Histoire d'un jour" avec Alfonsi. Il possède un super-fichier d'un millier de noms dans lequel il puise régulièrement pour trouver des candidats corrects. On a confié l'animation à Patrice Laffont. En quatre semaines, on a rattrapé "Tournez manège", l'émission concurrente de TF1. Antenne 2 a doublé sa part de marché sur cette tranche horaire... Pour un début, nous ne sommes pas mécontents ! C'est en tout cas la preuve qu'il y avait une place à prendre. »

Ainsi l'histoire se retourne : l'homme qui avait su vendre aux États-Unis la célèbre émission « La Tête et les Jambes » s'est incliné devant un jeu américain que d'autres Français ont trouvé avant lui : « J'ai compris pourquoi ce sont les jeux américains qui marchent, dit-il. Cela tient d'abord aux nouveaux dirigeants des chaînes... Assurément, les jeux ne sont pas leur spécialité. Ces gens-là sont pressés. Le contexte très évolutif dans lequel ils se trouvent fait qu'ils ont toujours besoin de quelque chose, tout de suite. Ils ne peuvent pas prendre de risque. Si on leur apporte une idée sur le papier, ils sont hésitants, parce qu'ils ne connaissent pas très bien. Si on fait un "pilote [2]", ça prend du temps, ça coûte de

2. *Pilote* : fabrication d'une seule émission correspondant au projet écrit sur le papier. Pour une série ce sera un épisode, pour un jeu ce sera une simulation avec de vrais concurrents.

l'argent et ils ne sont pas sûrs du résultat. En revanche, si on arrive avec une émission américaine, ils se rendent tout de suite compte de ce que ça donne en regardant la bande. Ils voient. Il suffit de leur dire que le jeu existe depuis tant d'années aux États-Unis, qu'il fait tant d'audience, pour qu'ils aient l'impression d'acheter un vrai produit disponible tout de suite. Et c'est possible. Dans la mesure où on a acheté les droits, un coup de téléphone à l'Américain qui nous les a vendus suffit pour qu'il arrive en courant. Il explique comment il faut faire, on démarre l'émission et, en général, elle a tout de suite du succès... Quand elle a marché aux États-Unis, cela veut dire qu'elle a plu à des Italiens, des Espagnols, des Noirs, des Blancs... ! Autant dire qu'elle plaira partout. »

## La belle américaine

Se décidant à fouiller lui aussi dans les poubelles de l'Oncle Sam, Jacques Antoine a déniché « The Price is Right », littéralement : « Le Juste Prix » (TF1), une émission-jeu créée... en 1957 par Mark Goodson sur la chaîne NBC. « Je la connais depuis toujours, précise Jacques Antoine, c'est la plus vieille émission américaine... Le comble, c'est que je me demande si ce n'est pas moi qui l'ai inventée ! J'ai fait il y a bien longtemps à la radio, avec Jean Nohain, une émission qui s'appelait "Si j'étais riche". Le principe était de gagner des objets en devinant leur valeur. Quelques années plus tard, on a fait "100 francs par seconde", dont le principe a été proposé à Goodson et Dodman, les grands fabricants de jeux américains. Ils ont répondu : "Oui, peut-être", mais c'en était resté là... Bizarrement, ils ont lancé "The Price is Right" l'année suivante. C'était probablement une coïncidence ! »

Bien des années plus tard, Jacques Antoine s'est souvenu de cette émission, en a racheté les droits et l'a vendue au plus offrant. Ainsi, depuis 1986, c'est la course pour trouver le premier la poule aux œufs d'or. Et l'agence de publicité Lintas, le lessivier Unilever et leur producteur délégué Marc Gurnaud ont été les plus chanceux dans cette compétition en important des États-Unis « La Roue de la fortune », directement inspirée de « The Wheel of Fortune ».

« La Fortune » (!), comme l'appelle Marc Gurnaud, a commencé sa célèbre carrière le 5 janvier 1987... Quand TF1 était encore publique ! Eh oui, l'émission qui fait aujourd'hui figure de symbole de la télé-fric et de la télé-cadeau a été importée et voulue par le service public ! A cette époque, la publicité entrait déjà à 100 % dans les recettes de TF1. Comment s'étonner dès lors que la chaîne fonctionnât selon des méthodes commerciales ? A petite dose, mais avec détermination, elle a ouvert ses portes au privé et fait le lit du système Bouygues. Quant à Marc Gurnaud, petites lunettes cerclées et grandes ambitions, il amasse tranquillement une petite fortune. Fini pour lui le travail d'exécutant sur de grandes émissions comme « La Chasse au trésor », il dirige aujourd'hui sa propre société, Mag Productions, et s'est associé avec le réalisateur Guy Job dans TFP Productions (Télé France Productions).

Il raconte comment ce cadeau lui est tombé du ciel : « C'était en novembre 1986, à Marrakech, où je tournais un film sur l'ouverture de la nouvelle Mamounia avec les Carpentier. J'ai reçu un coup de téléphone de Marie-France Brière, directrice des variétés de TF1, qui m'a demandé de la rejoindre à Los Angeles dans les cinq jours. "Je ne peux pas te dire pourquoi, a-t-elle ajouté, mais c'est fabuleux." Cinq jours après j'étais à Los Angeles, deux heures plus tard dans les studios de NBC sur les plateaux de "The Wheel of Fortune". J'ai observé pendant trois jours, discuté avec les équipes de production. Nous étions le 3 décembre. C'est alors que Marie-France Brière m'a demandé si je pouvais monter ce jeu pour le 5 janvier. J'ai dit d'accord. Nous sommes rentrés à Paris pour régler des problèmes de contrat, puis je suis reparti pour Los Angeles avec un décorateur français.

Entre Noël et le Nouvel An, à Paris, nous avons construit les décors, contacté les candidats, trouvé les cadeaux, les questions... Le 5 janvier commençait la première émission !

« Les droits ont été achetés à Mervey-Finn Enterprise, la société américaine qui fournit les plus grosses émissions du *prime time*. J'ai appris leur savoir-faire en me disant : En douze ans de ''Fortune'' ils ont appris ce qu'il ne fallait pas faire et font ce qu'il faut faire. Ce qui manque le plus dans notre métier, c'est cette petite dose d'humilité qui permet de profiter de l'expérience des autres et de l'adapter ensuite à sa propre sensibilité et à son environnement. Moi, je me suis dit : Je vais refaire exactement ce qu'ils font même si je n'ai compris que 80 % de la mécanique, le reste viendra tout seul. Un exemple : quand les lettres disparaissent elles sont remplacées par des carrés verts. Mon décorateur voulait du bleu, du brun, du doré. J'ai dit : ''Non, je veux du vert.'' Sans savoir pourquoi au départ. Je me suis aperçu plus tard que le vert est la couleur qui réagit le mieux à la lumière, celle qui a le plus d'énergie. Voilà pourquoi les Américains l'utilisent... Même chose pour le décor plutôt galbé qu'angulaire, les arrondis donnent de la douceur. J'ai tout repris tel quel.

« Quand les Américains sont venus nous rendre visite quelques semaines après le lancement de l'émission, ils m'ont dit : ''On se croirait à Los Angeles'', ce qui pour moi était le meilleur des compliments !... En toute modestie, je trouve notre produit mieux que le leur, plus léché, plus fin. »

De fait, il n'a pas fallu plus de vingt jours pour que la courbe d'audience croise celle des « Chiffres et des lettres » sur Antenne 2. Très vite, « La Roue de la fortune » a rencontré le succès. A la suite d'une annonce de présélection diffusée sur l'antenne, cinq mille personnes se sont retrouvées à Montparnasse devant les locaux de TF1, qui dut faire appel aux CRS pour remettre un peu d'ordre dans une file d'attente passablement excitée ! Aujourd'hui, la technique de sélection est beaucoup plus au point : « On s'est inspiré du camembert des populations de la Sofres qui répartit les pourcentages d'ouvriers, d'agriculteurs, de chômeurs, d'artisans, de fonctionnaires. Nous avons un peu triché sur les fonctionnaires parce qu'ils ont plus de temps que les autres et un peu poussé sur les chômeurs. Nous présélectionnons les candidats par minitel en cherchant des gens dynamiques et qui en veulent. Nous ne leur payons pas le voyage parce que ''la Fortune'' c'est un jeu de *winners* et non de *loosers* (*sic*). Nous voulons des gens dynamiques et gais, des gens qui ressemblent aux boute-en-train des fêtes de famille et des mariages. » Parce que ses candidats, crient, sautent, tapent dans le décor exactement comme les Américains, Marc Gurnaud estime sans rire, mais en toute modestie ! que « La Roue de la fortune » est en train de créer « un phénomène sociologique », rien de moins ! Le dialogue fortuit qu'il eut devant moi avec une candidate malheureuse (déléguée médicale de son état) est, à cet égard, très édifiant :

*La candidate.* — Je ne comprends pas, je réponds chaque fois à toutes vos questions et je ne suis jamais sélectionnée. Serait-ce à cause du test psychologique ?

*Marc Gurnaud.* — Pour passer le barrage, il faut que vous donniez l'impression d'être différente des autres, dynamique, originale, extravertie. N'hésitez pas... Vous connaissez Boujenah, Sébastien, Bedos ?

*La candidate.* — Oui.

*Marc Gurnaud.* — Eh bien, il faut être pire qu'eux. Il faut en vouloir. Il faut lutter jusqu'au bout... Moi, je ne peux rien faire pour vous, c'est à vous de faire quelque chose en étant dynamique dans vos réponses et engagée...

Je ne sais pas si la candidate malheureuse (qui n'avait rien d'une demeurée) a eu plus de chance après ce discours mobilisateur, mais elle est sans doute devenue une forcenée de la joie de vivre ! Participer à ces jeux tient en effet du travail de forçat, comme me l'a raconté ma consœur Ariane Chemin qui s'est glissée dans la peau d'une candidate à « La Porte magique » (la Cinq), copie conforme du jeu américain : « Break the Bank » :

« Au départ de la sélection, à 7 heures le matin, on trouve tous les milieux sociaux, mais, très vite, ne restent en course que des gens assez jeunes dont beaucoup ont suivi des études supérieures. Visiblement, ils font cela pour s'amuser. La productrice essaie de recruter autrement, mais elle n'y parvient pas. Les présélections se font en trois temps :

« — une sorte de QCM (questionnaire à choix multiple) avec des questions dites de culture générale ;

« — une phase de présentation où l'on divise les candidats qui restent en trois groupes, en leur disant : ''Vous allez vous présenter devant les autres et raconter tout ce qui vous passe par la tête pendant cinq minutes.'' Ce n'est pas si facile et beaucoup ne parviennent pas à maîtriser leur langage. Ainsi, cette femme qui avait averti : ''Je vous préviens,... je fais un travail de con, dans une banque de cons.'' Elle s'est, bien évidemment, fait virer ! Moi, je l'ai pris sur un mode ironique en faisant cet aveu : « Pour tout vous dire, je suis venue parce que je suis amoureuse de Michel Robe'' (l'animateur du jeu). A l'issue de cette phase, la moitié des candidats sont éliminés ;

« — enfin ceux qui restent se retrouvent par équipes de deux et répondent, hors antenne, à des énigmes qui simulent celles de l'enregistrement.

« Une semaine plus tard, on nous annonce notre sélection par téléphone en précisant le lieu, le jour et l'heure de l'enregistrement. On doit arriver avec deux tenues vestimentaires, la cravate est obligatoire pour les hommes. Cela dure toute une journée, c'est long. D'autant que nous n'avons pas le droit d'assister aux enregistrements qui précèdent. » Avec son mari — qui fait du marketing politique —, Ariane Chemin a gagné un voyage de deux jours au Sénégal, un four à micro-ondes (le « classique » comme elle dit) et un sèche-linge ultra-sophistiqué !

« Tiens, je t'ai vue à la télé, lui a-t-on dit le lendemain, mais c'est vraiment par hasard. » Les Français n'aiment pas avouer leur goût pour les jeux, surtout s'ils sont médiocres. Quand on les interroge, ils répondent à 88 % préférer les journaux télévisés et placer les jeux en dernière position... alors que ceux-ci battent tous les records d'audience ! 43 % de part du marché pour « La Roue de la fortune », le plus fort produit de toutes les télévisions françaises et le meilleur rapport coût-audimat pour les annonceurs : les jeux à l'américaine sont une vraie manne pour leurs producteurs et les chaînes qui font ainsi de l'argent sans risque.

## Par ici la bonne soupe !

Mais l'avantage de la formule ne s'arrête pas là : il y a aussi les cadeaux distribués aux gagnants, source de profits pour tous dans un premier temps et aujourd'hui pour le diffuseur. Supposons que Philips veuille lancer une nouvelle chaîne hi-fi : un spot publicitaire dans « La Roue de la fortune » lui coûtera au moins 250 000 F, plus les frais de conception et de réalisation, soit soixante à soixante-dix fois le prix de vente de la chaîne. Il est donc beaucoup plus intéressant de donner cette même chaîne à « La Roue de la fortune » pour servir de cadeau à un candidat : l'animateur parle du produit en « termes descriptifs » pendant au moins quinze secondes pour... le prix de la chaîne !

Dans certains jeux comme « Le Juste Prix », tous les annonceurs peuvent y trouver leur compte, même les fabricants de produits de grande consommation peu « identifiables ». La trouvaille des producteurs est simple. L'animateur dit au candidat : « Marcel, ces charmantes hôtesses vous présentent le lot dont vous serez peut-être propriétaire tout à l'heure. Voici un magnétoscope, ce magnifique téléviseur couleur, cette table en marbre d'Italie, ce canapé en cuir trempé... Si vous répondez bien, tout est à vous... Seulement, attention, pour emporter ce somptueux paquet-cadeau, il va vous falloir deviner le juste prix de cette boîte de petits pois Machin, de ce paquet de gâteaux Truc, de ce tube de dentifrice Un tel... » Et le tour est joué : on cite la marque, on montre le produit, chaque soir les « partenaires » changent et peuvent faire gagner le pactole. Du 100 % rentable.

L'affaire est tellement juteuse et les annonceurs tellement empressés, que les chaînes n'ont pas hésité à exploiter le filon jusqu'au bout. C'est ainsi que TF1 a mis sur pied un système dit de « droit d'asile », sorte de taxe imposée aux annonceurs qui veulent participer aux jeux : au simple don de marchandises, on ajoute un supplément, pour ne pas brader l'espace si convoité de la chaîne... « C'est une idée de TF1-Publicité, le nerf de la guerre pour ramasser un peu plus d'argent sur le jeu, qui génère déjà quotidiennement deux millions de francs en publicités, explique Marc Gurnaud. Je suis pour, c'est mon intérêt financier, mais je suis encore plus intéressé à ce que "la Fortune" vive longtemps. Or, le droit d'asile me fait peur. Qui va le payer ? Les gros fabricants et les grands distributeurs du style Darty, But, Conforama ? Pour une machine à laver d'une valeur de quatre mille francs TF1 va leur faire payer un droit d'asile de vingt mille francs. Comme on offre vingt machines par mois, ça commence à faire cher. Ils vont donc devenir exigeants et cela risque d'être dangereux pour l'image de l'émission où je veux des produits haut de gamme et originaux. Mon rêve ce serait d'offrir une Jaguar ! »

Après les grands, les enfants. Tout ce que l'Amérique fait de pire est bon pour les chaînes privées françaises. Depuis le 23 mars 1988, la Cinq diffuse en effet « Captain Power », un jeu « interactif » américain produit par le fabricant de jouets Mattel pour contourner l'asphyxie du marché des jeux vidéo. La technique est simple : grâce à des signaux codés émis par des images de synthèse les enfants équipés du gadget Mattel peuvent participer aux combats du « Captain Power ». Les scores s'inscrivent sur de petits compteurs intégrés au gadget. Formidable outil de promotion pour le fabricant, ce jeu « interactif » est une aubaine pour la chaîne qui l'a payé un prix symbolique et touche un pourcentage sur la vente des jouets.

Aux États-Unis, la diffusion de cette série a pourtant fait

l'objet d'une vive polémique, organisée par de puissantes associations familiales qui ont saisi la Commission fédérale des communications (FCC), le Congrès et la justice. La télévision britannique, pour sa part, a refusé l'offre des producteurs au nom de la protection des enfants, une question qui n'a même pas effleuré l'esprit de nos marchands âpres au gain.

## *Maguy* n'est pas celle que vous croyez

Si le plagiat et l'importation des modèles américains n'affectaient que les jeux, la maladie des chaînes françaises pourrait être guérie par quelque bonne médecine. Mais faute de la thérapie et des soins adaptés, le mal a gagné. Il touche aujourd'hui les parties vitales de l'organisme cathodique. Les programmateurs sont en panne générale d'imagination, victimes d'une déficience de leurs défenses immunitaires. Le plagiat est partout, même là où l'on croit trouver du typiquement français. C'est le cas de *Maguy*, directement inspirée d'une série américaine à succès des années soixante-dix, intitulée *Maud*. Produite par la société Téléimage, qui a racheté les droits aux Américains, *Maguy* est adaptée à la sauce française par deux jeunes auteurs issus de la publicité et du journalisme, Stéphane Barbier et Jean-Guy Gingembre.

Dans une Amérique encore très puritaine, *Maud* a été la première série à intégrer l'émergence du *women's lib*. Femme de caractère, autoritaire et autonome, elle a conquis les téléspectateurs pendant cinq ans. « C'est Nicole Gaudin, une Canadienne, expliquent Barbier et Gingembre, qui a eu l'idée de l'importer en France. En 1983, elle l'a proposée à Antenne 2 qui a accepté de la faire en l'appelant *Maguy*. Ils ont fait un casting et un pilote, que la chaîne a trouvé nuls. C'est à ce moment-là qu'est entrée en scène Simone Harari, la patronne de Téléimage. Elle a obtenu les pleins pouvoirs. Elle a licencié les scénaristes et nous a appelés. Nous avons commencé au début de 1984. A cette époque, une obligation contractuelle nous contraignait à reprendre un certain nombre d'épisodes américains. Ainsi, la première année nous avons utilisé une trentaine de scénarios américains sur quarante-deux épisodes. La grande erreur aurait été de se contenter de traduire : on ne peut pas toucher le public français en lui racontant l'histoire d'une famille américaine des années soixante-dix ! Aussi, dès la deuxième année, le rapport s'est-il inversé, et aujourd'hui *Maguy* ne vit que sur nos textes. »

De fait, le personnage a été francisé. Même si elle donne l'impression de tenir sa famille, Maguy, contrairement à Maud, est encore une femme traditionnelle ; son indépendance est limitée puisque l'argent dont elle dispose lui est donné par Georges, son mari... La femme émancipée est devenue un compromis de tradition et de liberté pour ne pas choquer le bon public populaire français, qui n'aime pas les « mauvais exemples » ! Pourtant, à petite dose et sans prétention sociologique affichée, les auteurs essaient de faire passer quelques idées généreuses : « Plutôt des discours de bon sens parce qu'à cette heure-là on ne peut pas faire plus ! Toutefois, on a eu droit à une double page dans *Gai-Pied Hebdo* parce qu'on avait fait dire à Maguy que les homosexuels sont des gens comme les autres, qui ont le droit de vivre leur vie sans qu'on les persécute. C'était aussi simple que cela ! *Maguy* est un bras de levier fantastique et constitue un pouvoir très dangereux qu'il faut savoir manier avec précaution : en effet, les téléspectateurs ont un sens critique beaucoup plus aigu que ne le pense la moyenne des gens de télévision. Si, par exemple, on fait dire à Maguy du jour au lendemain : ''Votez Le Pen'', plus personne ne la croira. Son image sera bousillée. »

Sachant que *Maguy* est regardée majoritairement par des enfants et des femmes de plus de cinquante ans, Gingembre, Barbier et leur équipe vont dans le sens de ce qu'attend leur public. « On fait ce qu'on nous dit de faire », aiment-ils à répéter en souriant. Et quand on leur reproche d'être plus des « vendeurs » que des créateurs, ils répondent : « *Maguy* n'est quand même pas *Dallas* ! Pour faire rire les gens il faut un minimum de talent. » Quand on les traite de « copieurs », ils rétorquent : « Oui, dans la mesure où le *sitcom* (la comédie de situation) a été inventé aux États-Unis et où nous utilisons les mêmes modèles et les mêmes techniques. Non, dans notre manière d'écrire et parce que nous avons "remaké" le modèle original. » Talentueux et doués du sens des affaires, nos deux auteurs sont aujourd'hui à la tête d'une véritable PME de l'écriture qui a produit un autre *sitcom*, mais sur TF1 cette fois : *Marc et Sophie*. Devenu la tarte à la crème de tous les programmateurs de télévision, le *sitcom* se veut aujourd'hui la locomotive du journal de 20 heures d'Antenne 2 qui clame sur tous les toits : « Nous, nous n'achetons pas le public pour qu'il nous regarde, nous lui proposons de la création française ».. Directement inspirée des États-Unis !

« Merci, Oncle Sam ! », doivent se répéter à longueur de journées nos « nouveaux » producteurs, qui grandissent sous son aile et brisent les empires des vieux maîtres décidément trop franco-français. De Marc Gurnaud, l'homme d'affaires : « Moi, je me considère comme un producteur-businessman, mon boulot c'est de fabriquer quelque chose qui me rapporte de l'argent », à Pierre Bertrand-Jaume, le conquérant de nouveaux marchés, en passant par Stéphane Barbier et Jean-Guy Gingembre, les « gosses de Barthes et Guy Lux », la relève est assurée et l'avenir cathodique radieux ! Dormez sur vos deux oreilles, chers téléspectateurs, ils vous préparent de grandes choses... Les poubelles de l'Amérique ne sont pas encore vides.

## Le réveille-matin

Jeux, séries, *talk-shows* d'importation américaine, il manquait la télévision du matin pour que le tableau fût complet. La première à combler cet insupportable vide fut Antenne 2 qui, en 1984, lança « Télématin », directement inspiré de « Good Morning America » (ABC) et de « Breakfast TV » (BBC) dans l'utilisation du temps, la répétition des rendez-vous et leur ponctualité. En somme, une copie du rituel dans lequel ces *talk-shows* du matin puisent leur force et souvent leurs publics.

Ici, le rituel procède essentiellement des rendez-vous qui ponctuent comme une horloge le temps du téléspectateur. Celui-ci sait qu'au moment du dessin animé les enfants doivent prendre leur petit déjeuner, qu'à l'heure de la chronique Santé il faut partir pour l'école. C'est le temps découpé en tranches qui s'intitulent Bricolage, Économie, Santé. C'est de la télévision qui s'entend et se voit plus qu'elle ne s'écoute et se regarde. Elle « accompagne » les gestes matinaux et hâtifs d'un téléspectateur à l'attention minimale et sélective, surtout s'il est français. Contrairement aux Anglais et aux Américains, celui-ci consacre en effet peu de temps à son petit déjeuner et, souvent, ne possède qu'un seul récepteur de télévision dans son foyer. De la cuisine à la chambre, de la chambre à la salle de bains, le téléspectateur français « entend des voix » auxquelles il est habitué. Il n'interrompt ses activités que pour s'arrêter sur une image forte ou pour suivre une explication.

Au fond, la télévision du matin assume trois fonctions : la ponctuation du temps, l'accompagnement des adultes et la « fixation » des enfants devant un écran. Dans toutes les sociétés développées, le temps qui sépare le lever du départ pour le travail est vécu comme une course contre la montre. De Washington à Paris, la télévision du matin caricature cette représentation en affichant une pendule dans un coin de l'écran. L'image d'un monde pressé formalise une notion du temps typiquement urbaine. Elle impose du même coup des modèles de société à des catégories de population (les paysans et les vieux) qui ne vivent pas au même rythme. Il y a décalage, et quelquefois contradiction, entre le temps réel — celui de la vie — et sa représentation télévisée.

Antenne 2 s'est donc directement inspirée de cette notion très américaine de la télévision-instrument de mesure du temps, à laquelle elle a ajouté une dimension française résultant d'une importante enquête de BVA menée en janvier 1984 et portant sur mille personnes : « Elle a d'abord étudié le public susceptible de regarder le matin, explique Daniel Patte, l'un des responsables de "Télématin" depuis son origine. Ensuite, elle s'est intéressée à ses modes de comportement et ses modes de vie selon le nombre de personnes par foyer, ainsi que les origines géographiques (citadins ou campagnards) et socioprofessionnelles (ouvriers ou cadres). Puis, elle a mis au point toute une batterie de questions sur ce qu'il aimerait voir le matin, et ses préférences en termes de rubriques en fonction des heures de diffusion... On a fini par avoir une idée précise de ce que voulait le public. On a suivi pratiquement au pied de la lettre les résultats de cette enquête, que l'on a travaillée dans le sens de ce que l'on croyait être la meilleure identité possible. »

Rien n'a été laissé au hasard. Ainsi la programmation du dessin animé à 7 h 55 est-elle le résultat du calcul entre l'heure moyenne de départ à l'école des enfants de la ville et celle des enfants de la campagne. « Au bout de trois jours, confirme Daniel Patte, la courbe d'audience marquait une crête très nette au moment du dessin animé. Ce qui nous a servi de locomotive, mais c'est aussi la preuve que devant la télé du matin, les vrais patrons, ce sont les gosses et les rythmes de vie. Contrairement au carrefour de 20 h 30, ce n'est pas la télé qui commande. Le matin elle doit s'adapter à la vie des gens, au risque de devenir un désert de l'audience ! »

En jouant sur la proximité et la convivialité, « Télématin » a vite surpassé son aîné britannique « Breakfast TV », commencé un an plus tôt sur la BBC, et cela malgré des habitudes de vie qui ne laissaient pas escompter un tel succès. Mélange habile de ponctualité et de techniques américaines héritées de la radio, savant dosage entre l'information et le divertissement, « Télématin » est l'exemple réussi de ce que les Anglo-Saxons appellent l'*infotainment*.

## *Talk-shows fever*

Parce qu'ils ne coûtent pas cher et permettent de « meubler l'antenne », les *talk-shows* se multiplient sur nos écrans. Programmes de la catégorie wellesienne « radio illustrée », ils ne sont que des variantes d'une vieille tradition américaine et, quelquefois, de simples copies. Dominique Cantien, la jeune et pétillante responsable de l'unité de programme Variétés et divertissement de TF1, s'en défend vigoureusement : « Je reste persuadée, affirme-t-elle, qu'un *talk-show* drôle et provoquant comme ''Panique sur le 16'' était parfaitement inadapté à un public américain. » Non seulement Dominique Cantien ne se considère pas comme une vilaine copieuse, mais elle contre-attaque en reprochant aux autres télévisions françaises de l'avoir plagiée : « C'est moi qui, la première, ai dépoussiéré les après-midi d'Antenne 2. J'ai commencé pendant l'été 1984 avec ''Toutes folles de lui'' qui m'a permis de tester Dechavanne, auquel j'ai confié ensuite ''C'est encore mieux l'après-midi''. Nous avons mis au point un concept d'après-midi, rapide, superficiel, survolé, amusant. Le contraire des bavardages pour grand-mères d'''Aujourd'hui madame''. Je n'imaginais pas retrouver maintenant la copie conforme sur toutes les chaînes. J'ai dû oublier beaucoup de carbones dans les poubelles ! »

En fait, les copieurs sont partout. Le « concept Cantien » s'inspire en effet du « Phil Donahue Show » qui, depuis 1967, occupe les après-midi de NBC. « Phil Donahue, écrit la journaliste Lise Bloch-Morhange, ne choisit que des thèmes brûlants : avortement, sexe, religion, homosexualité, principalement destinés aux femmes. On peut y entendre des dialogues du genre :

— Madame Smith veut nous donner son opinion ! Dites-nous donc ce que vous pensez, madame Smith ! Elle va nous raconter le viol dont elle a été victime il y a deux ans dans le parking de son supermarché...[3]. » Quant au style d'interview

3. Lise BLOCK-MORHANGE, *Le Monde*, 24-25 janvier 1988.

« sans fard » de Phil Donahue, c'est bien celui que s'est donné Christophe Dechavanne, qui ne veut pas entendre parler d'autocensure. Il fait dans le genre simple qui-ne-se-prend-pas-au-sérieux que tous nos meneurs de jeu à la trentaine *clean* et branchée ont adopté. C'est Phil Donahue revisité !

Sacré modèle américain, qui va jusqu'à se nicher dans l'« habillage » des journaux, dont le maître s'appelle David Niles. Avant tous les autres, ce Britannique implanté à Paris et à New York a introduit en France le graphisme vidéo et l'image de synthèse. En quelques années, il a su imposer aux chaînes françaises un véritable monopole de l'habillage électronique. « Soir 3 », les journaux d'A2 et de TF1, c'est lui, du générique au décor. Il est devenu l'homme auquel s'accroche tout nouveau directeur de rédaction en panne de projet pour marquer son passage d'un emballage nouveau. Les écrans de télévision derrière le présentateur de TF1, c'est lui. La salle de rédaction que l'on voyait en fond de studio derrière le présentateur d'Antenne 2, c'était encore lui. Autant de copies conformes à ce qui existe sur CNN ou ABC... A une nuance près : la salle de rédaction du journal d'Antenne 2 était factice ! Les journalistes n'étaient que des figurants venus cachetonner quelques heures pour singer nos gestes quotidiens. Quel triste symbole pour une réforme ratée, dont la direction d'Antenne 2 a reconnu l'échec en rappelant dès août 1988 Claude Carré et Christine Ockrent, égarés dans la télévision commerciale ! Le bon sens a eu raison de la politique...

Un autre adaptateur génial s'est fait une spécialité de la cohérence donnée à des produits fourre-tout : Gérard Jourd'hui. Le père de « La Dernière Séance », de « Disney Channel », de « Vive la télé » expose sa conception : « Il s'agit de passer d'un fourre-tout de produits comme les séries, à un concept unique, celui d'une émission. Il faut trouver une sauce qui lie tout ça pour que le téléspectateur ne soit pas écœuré, pour qu'il s'y retrouve. »

Ne parlons pas de Patrick Sabatier et Rémy Grumbach, qui ne se gênent pas pour importer des États-Unis le principe de presque toutes leurs émissions, comme « Toute une vie dans un dimanche » ou « Porte-bonheur »... La liste des copieurs est encore longue, mais elle finirait par devenir fastidieuse, à l'image de la télévision qu'on nous fabrique aujourd'hui.

Ah, cher Oncle Sam, que deviendrait notre télé sans toi ! Tu es encore venu à sa rescousse lorsqu'il a fallu redorer le blason d'A2 en montrant au bon peuple que le fric n'avait pas pour seul usage l'achat du téléspectateur. Tu te souviens, bien sûr, du « Téléthon », puisque tu nous as envoyé Jerry Lewis qui depuis longtemps fait la même chose chez toi. Tu as été formidable. Non seulement l'association des myopathes de France a récolté beaucoup d'argent, mais encore notre PDG et tout son staff ont profité de l'opération pour se refaire une virginité de référence !

On te copie, on te contrefait, on te dépouille, mais tu es âpre au gain, Oncle Sam, tu as le sens des affaires. Ce que tu perds d'un côté tu le gagnes de l'autre en feuilletons et en séries dont tu inondes nos écrans avec le plaisir des vainqueurs.

2

# Attention, pièges à c...

En octobre 1977, les trois chaînes françaises (TF1, A2 et FR3) diffusaient au total 190 heures de programmes par semaine, dont sept heures de séries et feuilletons américains (soit 3,7 %). En octobre 1987 [1], les six chaînes diffusaient un total de 700 heures par semaine, dont 118 heures de séries et feuilletons américains (soit 17 %). Près de quatre fois plus d'heures de diffusion, et... dix-sept fois plus de sous-produits de l'Oncle Sam ! Et ce calcul néglige les trente-quatre heures hebdomadaires de films américains... Autrement dit, à la fin de 1987, 20 % de la programmation globale des télévisions françaises provenaient directement des États-Unis. *Kojac, Miami Vice, Dallas, Dynasty, Colombo*..., la liste serait longue de tous ces produits aux arrière-goûts de Mac Do'.

## Télé-béton

Avec l'apparition de nouvelles chaînes, l'augmentation des temps d'antenne a créé un vide que les programmateurs se sont empressés de combler en achetant des kilomètres de séries déjà rentabilisées aux États-Unis, et donc accessibles à des prix abordables. Depuis 1986, elles nous distillent tranquillement les stéréotypes d'une société fondée sur le gain, la violence et le machisme.

1. Semaine de référence : 17 au 23 octobre 1987.

Ce sont pourtant ces mêmes programmateurs qui nous vantent les mérites de la « création originale française » ! Ils songent sans doute aux rediffusions de *Thierry la Fronde*, des *Cinq dernières minutes* ou de « Au théâtre ce soir »... Sans doute, à l'instar du vice-président de TF1, Patrick Le Lay, la considèrent-ils comme un simple alibi : n'est-ce pas la Une qui a osé programmer les documentaires du commandant Cousteau et ceux de Jean-Marie Pelt sur la vie des plantes entre 1 h 30 et 4 heures du matin ? Uniquement pour respecter son quota obligatoire de 50 % de diffusion d'œuvres d'expression française, la chaîne des bétonneurs n'hésite pas à gaspiller des émissions de qualité à des heures impossibles, gardant intacte en revanche sa brillante (!) grille de la journée. Comble de l'hypocrisie et insulte au téléspectateur.

Peut-être se posent-ils la même question fondamentale qu'Albert Emsallem, le responsable des variétés sur Antenne 2 ? « Est-ce qu'on doit faire "intelligent" contre les téléspectateurs ? Je pose la question. Eux, ils veulent un spectacle sur lequel ils n'ont pas à réfléchir [2]. » C'est en appliquant des raisonnements de ce genre qu'Antenne 2 avait remplacé Dorothée par Chantal Goya, et s'est essoufflée à vouloir copier TF1 en reléguant des produits de qualité à des heures de moindre risque pour la publicité (69,4 % des recettes de la chaîne publique proviennent de la publicité). Placée dans une situation d'inévitable compétition avec TF1, elle n'a pas su trouver son équilibre entre la qualité et l'audience. Le seul pari pour une chaîne publique est pourtant d'attirer les téléspectateurs en pariant sur leur désir de comprendre, d'apprendre, de voir le monde sans pour autant faire une télévision austère.

C'est aussi ce que pense Michel Souchon, responsable du service des sondages d'Antenne 2 depuis décembre 1987, après de nombreuses années passées à TF1. « Nous avons fait de grosses erreurs de production, comme "Le Bon Mot" qui a

2. Albert EMSALLEM, à *Télérama*, 9 mars 1988.

été un échec retentissant dont nous avons encore du mal à nous relever. La tranche de 19 h 35 est très difficile. A partir du moment où nous avions choisi de mettre un jeu contre un jeu, il fallait que le nôtre soit très fort. Or, ''Le Bon Mot'' a été lancé sans réflexion et sans que personne ne l'ait vu avant son lancement ! Il n'a même pas été testé. Après cet échec, on a lancé un *sitcom* qui devait prendre la suite de *Maguy*. Il s'agissait d'une série qui s'appelait *Les Pique-assiette*. Les tests sur le public échantillon ont été négatifs, alors que les gens de la maison l'avaient trouvée bien. Comme le contrat est déjà engagé, nous sommes obligés de la ''finaliser'' mais nous avons demandé aux auteurs de modifier leur scénario en fonction des critiques du test. » *Les Pique-assiette* se cachent donc peut-être aujourd'hui sous le nouveau titre de l'un des cinq *sitcoms* qu'Antenne 2 diffuse depuis septembre 1988 à 19 h 35 pour faire front à « La Roue de la fortune »... Et derrière *Les Pique-assiette* revisités se cachent... Stéphane Barbier et Jean-Guy Gingembre ! Quand on tient un aussi bon filon que les tranches de vie, on ne l'abandonne pas. On clone *Maguy*, on reprend les bonnes vieilles recettes des *Saintes chéries* ou du *Bonheur conjugal* et on peut clamer haut et fort : Vive la création française !

Cinq *sitcoms* ne font pourtant pas un programme ni une image de chaîne, même si Antenne 2 a montré qu'elle savait produire des fictions originales et populaires comme *La Valise en carton*, aux antipodes de *Phèdre*, caricature du « culturel » ennuyeux et mal fait que doit bannir le service public de grande audience. Antenne 2 n'ayant pas plus trouvé ses marques que FR3, fin 1988, la télévision publique ne semblait pas encore en mesure de concurrencer le privé. Comme le précise Michel Souchon : « Il faudrait que les deux chaînes publiques françaises se situent ensemble à 40 ou 50 % de l'audience générale. En Grande-Bretagne, elles y parviennent avec des documentaires et des fictions de qualité, en Italie elles le font avec des émissions populaires et provocatrices comme *Fantastico*, présenté par l'ancien chanteur Adriano Celentano. Notre problème tient au fait qu'on aimerait bien jouer sur le terrain des Anglais mais que nos règles sont italiennes ! » Si l'on interprète bien ce que dit Michel Souchon, en l'absence d'une vraie politique éditoriale et dans l'attente d'une réforme qui pourrait lui permettre de prendre sa chance, le service public n'a plus qu'un espoir : attendre que les téléspectateurs se lassent de TF1 encore assez puissante pour leur imposer ses goûts !

Il y a quatre ans que Pierre Desgraupes a quitté Antenne 2, et déjà un siècle nous sépare de sa conception de la télévision publique : « Quand on fait de la télévision on ne joue pas aux dominos ! peste-t-il. Je crois qu'il faut avoir une idée assez claire, lumineuse et volontaire (peut-être fausse) de ce qu'on veut imprimer comme style, de ce qu'on veut programmer. Une fois qu'on l'a décidé, on s'y tient, et on voit ce qui se passe. Si on descend, tant pis. Il est indispensable qu'une chaîne de télévision présente un tout cohérent. Vous savez, quand j'étais à A2, je n'ai pas cherché à être le premier. C'est arrivé en plus, si j'ose dire ! Quand je suis parti, je savais que le problème du niveau d'audience par rapport à TF1 allait se poser. Il n'était pas dit qu'on avait perdu d'avance, mais je ne me serais pas fait hara-kiri si, tout d'un coup, on m'avait appris que TF1 nous était passé devant. Être premier ne veut rien dire si on ne sacrifie pas à une certaine idée du programme. A Antenne 2, je disais toujours que j'étais tiré par deux charrues : l'une le désir de l'audience, l'autre le désir de faire un certain style d'émissions. S'il avait fallu sacrifier l'un à l'autre, c'eût été l'audience. »

Malgré les retards accumulés et les erreurs commises, Antenne 2 pourrait retrouver la place qui faisait d'elle la « référence » du paysage audiovisuel. Pour cela, il faudra remobiliser les énergies contrariées et vider les placards de ceux que la politique imposait d'écarter. Finalement, Claude Contamine a eu bien de la chance de compter dans ses rangs des Pivot et Drucker qui en ne cédant pas aux sirènes du privé lui ont évité le désastre. Mais on ne fonde pas une politique que sur des noms.

« Antenne 2 doit être une chaîne d'image, à l'abri des bagarres avec le privé qui la tirent vers le bas, estime Michel Drucker. Je suis convaincu que l'image est son seul investissement possible, son seul capital, quitte à perdre des plumes en audience. Sur la distance, ce choix paiera toujours. Mais pour y parvenir il faudra d'abord régler un problème qui est celui du *prime time*. Il y a des espaces qui ont été abandonnés et apportés sur un plateau à la concurrence, comme par exemple la tranche de la télévision régionale entre 19 h 10 et 19 h 30. Quand Hervé Bourges a obtenu de la Haute Autorité l'autorisation de la supprimer sur sa chaîne, il a fait gagner TF1 pour plusieurs années. Il suffisait d'installer dans cette tranche un aspirateur à audience. Autre exemple : une chaîne qui est obligée de diffuser à 19 heures la campagne électorale pendant que TF1 programme un *Santa Barbara* à 24 % d'audience ne peut plus rattraper son retard.

« Il faut donc supprimer les actualités régionales sur Antenne 2 pour parvenir à un *prime time* à l'anglo-saxonne qui commencerait à 19 heures, comme aux États-Unis, avec deux demi-heures fortes jusqu'à 20 heures. Ensuite déplacer les programmes du mercredi, comme « L'Heure de vérité » ou les magazines, au lundi où il n'y a que des séries et, enfin, trouver une bonne série le vendredi... Quant au samedi, c'est un des jours les plus difficiles. Je suis payé pour le savoir avec la concurrence qu'on m'impose ! Mais qu'ils ne comptent pas sur moi pour entrer dans cette course à l'audience. Je préfère dix millions de téléspectateurs dont cent mille découvriront Barychnikov grâce à mon programme. Quand je rends hommage à Pierre Desproges face à Patrick Sébastien, je n'ai aucune chance. Ce n'est pas le même rire ni la même image... Quand Desgraupes m'a engagé en 1981 pour faire le samedi soir, il m'a dit : "Je veux une émission populaire et digne. C'est le plus difficile." Je n'ai pas d'autre objectif que celui-là. »

Nos bétonneurs ne peuvent pas comprendre cette conception de la télévision. Ils ne sont pas du même monde. C'est pourquoi ils préfèrent déclarer : « Nous sommes privés, nous sommes une chaîne commerciale. Il y a des choses que nous ne voulons pas faire, par exemple, du culturel, du politique et des émissions éducatives » (Francis Bouygues sur Europe 1). Tel était donc le modèle dominant du PAF 1988, prôné par ceux-là mêmes qui avaient promis monts et merveilles de création et de culture à la CNCL pour obtenir une concession. En Angleterre, face à un tel mensonge, on n'aurait pas hésité à couper l'antenne aux coupables jusqu'à ce qu'ils réalisent leurs promesses...

## C'est dans les vieux pots...

Au nom de l'équation : maximum d'audience = maximum de pub, le mieux disant culturel a fondu comme neige au soleil dans tous les coins du PAF. En octobre 1987, voici ce que Jean-François Kahn proposait aux lecteurs de *L'Événement du jeudi :* « Sur A2, Michel Drucker présente "Champs Élysées" (17,2 % audimat) ; sur La 5, Patrick Sébastien plafonne à 4 % avec "Farandole" ; sur M6, *Dynastie* ne fait guère mieux ; FR3 affiche 9 % avec un western américain de série C dans le cadre de Disney Channel. TF1 caracole à 24 % avec une pièce des années soixante-dix, diffusée pour la quatrième fois (!) dans le cadre de "Au théâtre ce soir". N'est-ce pas là de la création ! » Et Kahn de commenter : « Ainsi, la télé d'aujourd'hui ne casse la baraque que lorsqu'elle appelle à la rescousse la télé d'hier. Il y a quinze ans, le monde entier nous enviait la qualité de nos feuilletons, de nos documentaires, de nos dramatiques, ou de nos *shows*, mais les intellos parisiens toujours grincheux faisaient quand même la fine bouche... Pour illustrer leurs hypothèses que prenaient-ils pour cible ? "Au théâtre ce soir" ! Aujourd'hui, "Au théâtre ce soir" constitue sans doute ce que la nouvelle télé diffuse de moins médiocre dans le genre populaire [3]. »

3. Serge MAURY, « Désastre », *L'Événement du jeudi*, 8 au 14 octobre 1987. Programmes de 20 h 30 du samedi 3 octobre 1987.

Nos nouveaux timoniers cathodiques « version libérale » sont donc de grands nostalgiques. Comme un fils de famille revenant chez les siens après une longue absence, ils fouillent dans les tiroirs à la recherche du temps perdu. Ils « flashent » sur leurs souvenirs. Des années cinquante à nos jours, tout y passe. A coups d'archives et de rediffusions, ils planent. Quelques menus du terroir : *Les Cinq Dernières Minutes, Les Brigades du Tigre*, « Le Temps des copains » ; d'anciens plats américains : *Colombo, Les Incorruptibles, Starsky et Hutch, Destination Danger*, etc. Ils ne sont pas rassasiés pour autant !

« Le comble, écrit Jean-François Kahn, est que lorsque tous les fonds de tiroir ont été vidés, ultime et presque dérisoire hommage du vice à la vertu, on nous invite à regarder ''Vive la télé[4]'' ou encore l'excellente émission de Serge July *Trente ans de télévision*, qui constituent autant de miroirs dans lesquels la marâtre d'aujourd'hui ne se lasse pas de regarder (en noir et blanc) la belle jeune fille qu'elle fut hier. » C'est ce que Carlo Freccero, le responsable des programmes de la Cinq, appelle « le maniérisme de la télévision ». « Tout comme en art, précise-t-il, où le maniérisme coïncide avec la récupération et la reproduction du style et de la manière des grands maîtres, il en va de même pour la télévision qui puise dans le répertoire éprouvé de sa période classique[5]. »

La plus belle fille du monde ne peut toutefois donner que ce qu'elle a ! En 1974 déjà, lors de l'éclatement de l'ORTF, on abandonnait le projet culturel d'André Malraux. Jacques Chirac, alors Premier ministre de Valéry Giscard d'Estaing, parlait de la « dernière chance » accordée au service public. Par le système des cahiers des charges, il imposait des relations d'obligations entre télévision et culture et, du même coup, retirait aux chaînes le sens de leur responsabilité culturelle.

Seuls Marcel Jullian, Pierre Desgraupes et Hervé Bourges

4. « Vive la télé » : émission de Gérard JOURD'HUI sur la Cinq, composée d'archives de l'INA et estampillée par une petite bande mauve en haut de l'écran pour ressembler à de la création maison.

5. Carlo FRECCERO, « La valeur d'usage de l'audience », *Médias Pouvoirs*, n° 10.

ont essayé de bâtir sur un réel projet l'image de leur chaîne. Hervé Bourges raconte les difficultés qu'il a rencontrées pour imposer sa politique à TF1 : « Ce que je voulais obtenir, c'était une reconstruction complète de la logique d'entreprise, qu'on ne programme plus désormais des émissions produites au hasard, mais qu'on les prévoie et les fabrique en fonction d'un projet d'ensemble. Mon objectif : faire une vraie politique de programmes, une télévision populaire de qualité à l'écoute du public et des créateurs... Cette victoire, je ne l'ai pas vue venir. Nous étions restés pendant si longtemps en butte aux attaques de l'intérieur et de l'extérieur que nous finissions par nous demander si le succès arriverait jamais [6]. »

Cette responsabilité-là est aujourd'hui publiquement rejetée. La course au rendement ne laisse qu'un choix restreint : l'audience maximale par tous les moyens. « La recherche de l'audience, confirme Carlo Freccero, nous oblige à pratiquer la dictature du plus grand nombre. Faire de la télévision, c'est comme faire de la politique : chaque matin, nous sommes sanctionnés par le verdict des sondages d'audience. » On croirait presque à une confession critique si Carlo Freccero n'affirmait par ailleurs : « J'ai inventé une télévision thématique, une télé Coca-Cola, fast-food, appelez-la comme vous voudrez. Elle avait sans doute des défauts, certains ont trouvé que c'était la télé du degré zéro, nullissime. Je vous répondrai simplement qu'elle avait trouvé son public, jeune, populaire, de banlieue... [7]. » Cynique lucidité ou double langage ?

## La culture, c'est l'audience

Pour répondre le plus efficacement possible à ce nouvel axiome, tous utilisent la même recette : des films, des séries, des variétés, beaucoup de jeux, un peu de sexe. On rafle ainsi

6. Hervé BOURGES, *Une chaîne sur les bras*, Le Seuil, Paris, 1987.
7. Carlo FRECCERO, interviewé par *Télérama*, 14 octobre 1987.

la mise sans risque. Ce qui n'est pas le moindre paradoxe pour des capitaines d'industrie qui ont fait grossir leur capital à coups de paris souvent risqués. Patrons de chaînes, ils se sont mués en gestionnaires de la médiocrité, effrayés par l'imaginaire porteur de la subversion et de l'irrespect. L'argent n'aime pas le désordre.

Souvenez-vous de cette folle partie de chasse au gros gibier du printemps 1987, quand un couple contre nature, Hersant-Berlusconi, conséquence d'un mariage forcé, se mit à braconner sur les terres nouvellement acquises par Francis Bouygues. Grâce à un rabatteur qui connaissait bien son terrain, Marie-France Brière, l'opération fut rondement menée. Avant même que Francis Bouygues n'ait eu le temps de faire donner ses gardes, les Collaro, Sébastien et Sabatier se retrouvaient sur la Cinq. Fiers de leur coup, nos deux braconniers se frottèrent les mains en contemplant la mine défaite de leurs adversaires. Comme le raconte Hervé Bourges, les pièges étaient posés depuis longtemps : « Berlusconi s'emploie personnellement à attirer les vedettes françaises dans son camp. Depuis plus d'un an il a déjà travaillé au corps Patrick Sabatier et Stéphane Collaro. Il aura peu de mal à les convaincre[8]. »

« A nous le pactole », se dirent les stars en signant des contrats mirobolants. Souvenez-vous de Patrick Sabatier posant pour la presse spécialisée, assis sur des billets de banque. « A nous l'audience », pensèrent nos braconniers affichant sans pudeur le slogan débile et connu de toutes les villes de France, « Cinq you la Cinq ». Mais le public n'a pas rendu la monnaie malgré les efforts des transfuges pour distribuer un million de francs par semaine ou offrir en cadeau... une audience avec le pape !. Tous se sont essoufflés, parfois dans la vulgarité, et tels des labrits[9] ont couru après des moutons qu'ils n'ont pas trouvés. Au bout de six mois d'audiences rachitiques et d'efforts financiers trop coûteux, Hersant divisa ses tarifs de publicité par deux et dut se rendre à cette

8. Hervé BOURGES, *op. cit.*
9. *Labrit* : race de chien des Pyrénées, gardien de troupeau.

évidence : ce n'est pas la star qui fait l'audience, mais l'audience qui fait la star...

Heureusement, nos trois stars déclinantes se souvinrent à point nommé de leur galaxie d'origine. Marie-France Brière, peu loquace quand on lui parle de la fuite de ses protégés, répond : « Ils ont fait une bonne opération commerciale... Contrairement à ce que l'on dit, ce n'est pas moi qui les ai fait venir, mais le PDG de la chaîne. » Pas facile de se dédouaner d'un échec ! « On pensait que le réseau d'émetteurs se développerait, ce n'est pas arrivé, c'est tout ! Avec une bonne couverture, les Sabatier et Collaro ne se seraient pas plantés chez nous. » A défaut d'écurie prestigieuse, Marie-France Brière s'est occupée ensuite de quelques poulains : « Moi, au chômage technique ? Vous plaisantez ! Si c'était le cas, je partirais... J'ai un brin de fierté quand même ! »

Les stars sont rentrées à la maison. « L'enfant prodigue est revenu dans sa famille », a même dit Étienne Mougeotte — l'un des dirigeants de la Une — en parlant de Patrick Sabatier ! Mais la chasse a continué. Le maçon à l'affût a tiré sur tout ce qui faisait de l'audience. Ainsi, nombreux furent les producteurs, animateurs et journalistes à quitter Antenne 2, qui de « navire amiral » se serait vite transformée en radeau de la Méduse si des hommes comme Pivot et Drucker n'avaient pas choisi le service public, malgré les sollicitations dont ils furent l'objet : « Berlusconi voulait que je devienne son directeur des programmes tout en présentant une grande émission, confie Michel Drucker. Puis il y eut l'équipe Hachette qui me proposait un très intéressant contrat de cinq ans. Enfin, après la décision de la CNCL, Bouyges m'a contacté. Nous avons déjeuné pour parler de contrat mais pas de télévision. Ce qui m'a frappé chez les gens de TF1, c'est d'abord leur puissance, mais ce qui m'a inquiété, c'est leur démarche : ils ne cherchaient pas à savoir ce que voulaient les téléspectateurs, mais à faire une machine efficace. De ce point de vue ils ont réussi ! TF1 est devenue un énorme piège à audience qui s'adresse à « la France qui en bave », en lui apportant le rêve.

« Ses animateurs sont toujours sous la pression de l'audience et des sponsors, ils doivent maintenir constamment le pied au plancher, ils se ruinent la santé. Quand je me suis aperçu de cette réalité, je me suis dit : Je vais être lessivé en trois ans ! Je ne suis pas une machine à faire de l'audience. La télévision, ce n'est pas l'usine. Moi, j'ai grandi chez les artisans et je reste un artisan. Je souhaite seulement à ceux qui ont choisi le privé de tenir physiquement. »

## Comment on vous plume

Des cadeaux, des stars, du rêve, tout est bon pour retenir le pigeon. Et comme si cela ne suffisait pas, TF1 a mis au point un piège unique au monde, le « Télémago ». Intégré dans la publicité, ce jeu coproduit par le magazine *Télé-poche* a pour objectif de vous empêcher de « zapper » sur la concurrence. Tout en permettant à *Télé-poche* d'augmenter ses ventes de 400 000 exemplaires, il piège le téléspectateur toujours en quête de bonne fortune.

TF1 grignote ainsi sur la programmation des autres chaînes en achetant le téléspectateur. A peine sorti du « Télémago », il tombe sur le « Tapis vert », lancé le 15 octobre 1987 par la société du Loto national et la Loterie nationale. C'est un jeu de contrepartie (comme le casino) dont les gagnants reçoivent de une à mille fois le montant de leur mise. En mars 1988, on tirait le carré d'as qui selon toute probabilité ne devait pas ressortir avant onze ans... Jamais les parieurs n'ont été aussi nombreux qu'après ce coup et, partant, les téléspectateurs de TF1 !

Plus insidieux sont les jeux d'argent en habit de paillettes et de variétés. Entre deux chansons dans « Sacrée soirée » (plus de 30 % d'écoute sur TF1), on glisse ainsi quelque 10 millions de centimes à celui dont la date de naissance apparaîtra sur l'écran. Le commentaire de Dominique Cantien est révélateur : « On m'a demandé de trouver des émissions ''appâts'' pour faire immédiatement de l'audience. Le mercredi soir, un jeu, ça a fonctionné. Un jeu avec quelqu'un de sympa. Foucault, il est gentil, rond, familier… » Lapsus ou pas, elle l'a dit : « Sacrée soirée » est avant tout un jeu dans l'esprit de la Bouygues' Band et non pas l'émission de variétés qu'on nous dit.

Cette supercherie met Michel Drucker dans tous ses états : « On ne m'empêchera pas de penser que cette course à l'audience sans foi ni loi est grotesque, infantile et malsaine, en un mot, médiocre. Je réunis entre 10 et 15 millions de téléspectateurs avec une émission de divertissement. Je ne propose pas de jeu ni n'offre des millions. Il n'y a pas de "carottes" dans "Champs Élysées", seulement du spectacle. Tout le monde ne peut pas en dire autant [10]. »

On peut aussi retenir le pigeon par les sentiments. Parce qu'il est sensible et qu'il a un cœur gros comme ça, il sera ému aux larmes et pleurera dans les mouchoirs de « Lahaye d'honneur », sponsorisés par La Redoute, quand Jean-Luc Lahaye parlera des vrais pauvres et des oubliés de la vie. « Le vendredi soir, poursuit Dominique Cantien, après le départ de Sabatier on m'avait demandé de trouver quelque chose qui, de près ou de loin, récupère sa clientèle. J'ai choisi Jean-Luc Lahaye, ça a fonctionné. Je ne dis pas que j'en suis fière, je dis que je ne veux pas faire que cela. » Ébauche d'autocritique bien timide ! Je préfère ce qu'en dit ma consœur Sylvie Caster : « On croit rêver. Entre ceux qui ne peuvent pas bouger et qu'on essaie de faire bouger à l'antenne, … les pauvres qu'on déguise en reines et le quart monde qu'on visite pour discourir sur le rôle de l'État, c'est la grande foire aux malheurs, l'escalade des éclopés. Dans cette mode "cour des miracles", les pauvres, les malades, les accidentés et ceux qui ne gagnent jamais font un tour et puis s'en vont. Ce sont nos nouveaux clowns [11]. » *Bien vu l'aveugle !*

---

10. Michel DRUCKER à *France-soir*, 29 décembre 1987.
11. Sylvie CASTER, « Bien vu l'aveugle », *Le Canard enchaîné*, 14 octobre 1987.

Dans ces conditions, comment croire le vice-président de TF1 quand il déclare : « L'idée que la concurrence entre les chaînes augmente la qualité des programmes est fausse. Cela amène au contraire forcément un abaissement de la qualité de ces programmes. [...] La stratégie qui a été suivie en France depuis le début de l'année et qui visait à procurer aux téléspectateurs le maximum de programmes revient à proposer les mêmes produits qu'auparavant, avec en plus une rediffusion multiple des mêmes programmes. En aucune façon, la concurrence n'apporte un enrichissement de la qualité. [...] Il faudra revenir à un paysage audiovisuel plus conforme aux besoins des téléspectateurs. [...] Des chaînes généralistes diffusant les mêmes programmes et séries américaines en cinq exemplaires, cela n'a pas de sens sur un petit marché comme la France [12]. » Baratin pour naïfs et chef-d'œuvre d'hypocrisie ! Patrick Le Lay ne s'approprie le discours de ses détracteurs que pour mieux justifier son obsession : demeurer la seule chaîne commerciale généraliste du PAF. Quand on pratique à ce point le double langage, il est normal que l'on fabrique une télévision de la duplicité. Une télévision à deux vitesses, à l'image de notre société.

## Télé des riches contre télé des pauvres, ou les pièges du « post-*prime time* »

« Comme à l'époque de la monarchie censitaire et du roi Louis-Philippe, où il fallait payer beaucoup d'impôts pour avoir le droit de voter, la richesse est devenue une présomption de culture, confirme Jacques Julliard. Une équation sournoise est en train de s'établir entre l'argent et le savoir. Telle est la loi, la vraie loi qui a présidé à la privatisation de la télévision et qui a mis à la tête des chaînes privées les humanistes éclairés que vous savez [13]. » Oui, nous savons que ce sont

12. Patrick LE LAY, interwievé par *La Croix-L'événement*, 22 octobre 1987.
13. Jacques JULLIARD, *Le Nouvel Observateur*, 13 août 1987.

aussi des épiciers à double casquette : grossiste pour le *vulgum pecus*, détaillant pour les autres.

Car après 22 heures, le rayon « gros » est fermé. Les « veaux » sont au lit, la tête comme un chaudron bouillant des rêves distillés à longueur de journée. Bonne nuit les petits ! La place est libre pour une longue errance sur le boulevard de la nuit cathodique que les programmateurs ont baptisé le « post-*prime time* ». Entre magazines d'information, bavardages mondains ou intellos et quelques bonnes émissions, les chaînes se mettent en quatre pour vous retenir. A cette heure-là, elles savent qu'elles jouent sur l'individu et non plus sur « les masses ». Elles font alors dans l'émotion ou l'insolence, le naturel, la subjectivité comme dirait Pascale Breugnot, la reine des nuits de TF1. Souvenons-nous de « Moi-je », de « Sexy-Folies », de « Psy-Show ».

Pour garder les noctambules il faut plaire, et pour plaire, il faut trouver des trucs : de l'original ou du branché, de l'érotique ou du culturé, du *Libé*, du Claire Bretécher, du Martin Veyron... Une démarche contraire à celle qui guide les grands penseurs du *prime time* : « Entre 19 et 22 heures, il s'agit pour les chaînes d'avoir les programmes les plus rassembleurs, ceux qui feront le maximum d'audience » (Pierre Whien, conseiller à la direction de TF1). Le programmateur de la nuit, à l'inverse, a compris qu'il fallait abandonner l'idée du plus grand commun dénominateur. Voilà pourquoi, sur TF1, Pascale Breugnot a concocté (ou continué) une dizaine d'émissions mensuelles et hebdomadaires sur sa grille : « Destins », « Alain Decaux face à l'histoire », « Santé à la une », « Pirates », « Supersexy »... sans parler de celles qui furent rapidement sanctionnées faute d'audience. Nous y reviendrons...

On peut toutefois s'interroger sur l'originalité, le bon goût, voire l'honnêteté de certaines de ces émissions. Parlant de « Chocs », Pascale Breugnot le définit comme « un magazine au contenu et aux contours très particuliers ». En effet, ramener des victimes sur les lieux « psychologiques » de leur drame peut paraître en tout point choquant et donner à l'émission un côté *Détective*, malsain et voyeur. Mais Pascale Breugnot précise qu'il y a là « une véritable idée de dispositif, un concept très fort doublé d'une facture très moderne où les gens se reconnaissent forcément [14] ». Nous voilà rassurés ! Les télémateurs sont encore assez nombreux pour faire le succès de cette émission qui atteint parfois jusqu'à 13 % d'audience. Et à 24 %, « Supersexy » pulvérise tous les records de la nuit. Pourtant il arrive à cette émission d'être à la limite de la vulgarité... et de la malhonnêteté. Vous vous souvenez sans doute de ce chauffeur de taxi qui racontait avoir « possédé » une cliente, « classe, genre épouse de médecin ou d'avocat », sur la banquette arrière, pendant que le compteur tournait. Mais le chauffeur en question, qui peut-être vous excita en racontant ses aventures sexuelles, n'était autre qu'un comédien...

Notre spécialiste du « socio-cul » admet que « les programmes qui font de l'audience ne sont pas forcément les plus créatifs ». Pardi ! Et d'ajouter qu'elle aurait une aptitude particulière à « ressentir les choses pour les traduire avec des objets télévisuels, et faire que les gens en face les ressentent comme je les ai envoyées ». (?)

Avec des moyens différents, toutes les chaînes cherchent à se faire aimer la nuit. C'est par exemple M6 qui choisit des séries américaines économiques et appréciées des « décalés » (5 % des Français adorent les séries après leur dîner) qui attendent le *talk-show* d'autour de minuit. Au temps de « Permission de minuit » (TF1), Frédéric Mitterrand mettait en garde : « Que Michel Droit n'écoute pas, ceci est un *talk-show*. Dans *talk-show* il y a une taupe chaude. Et c'est exactement ce que je voudrais, que des taupes brûlantes se glissent chaque soir dans le cœur de mes invités. »

Plus la nuit avance, plus nous serions accros : « Le public d'après 22 heures, affirme un publicitaire, a un coefficient d'intérêt supérieur puisqu'il fait l'effort de demeurer devant la télé [15]. » Il y a même des fans des génériques de fin de

14. Pascale BREUGNOT, interviewée par *Libération*, 23 décembre 1987.
15. *Libération*, 23 décembre 1987.

programme ! « Il faudra dans les mois qui viennent corriger certaines idées que l'on a sur la télévision de la nuit, explique Pascal Josèphe, ancien directeur général de TF1 publique et actuel directeur de Carat-TV, société spécialisée dans l'achat d'espaces publicitaires. Les émissions de la nuit intéressent non seulement un public de faibles consommateurs de télévision, mais aussi les très gros consommateurs qui ne sont pas forcément des téléspectateurs appartenant aux catégories socio-professionnelles élevées. On a peut-être tort de considérer qu'après vingt-deux heures il n'y a qu'un public élitiste. Pour l'instant, il est difficile de faire le distinguo entre les gros et les petits consommateurs. Nous allons engager une importante étude sur cette tranche. Dans certains pays, comme la Grande-Bretagne, on considère que les secondes et troisièmes parties de soirée attirent un public extrêmement fidèle et très populaire qui consomme de la télévision, seul moyen pour lui d'être en contact avec le monde extérieur et d'échapper au réel. Il y a donc une réelle interrogation sur ce public de la nuit. »

Réflexion certes intéressante, mais qui ne remet pas en cause le dogme des programmateurs (de découverte récente en Europe) qui a conduit à exclure pratiquement toutes les émissions les plus intéressantes du *prime time* vers le post-*prime time.* On a vu précédemment comment la loi de l'équation : maximum d'audience = maximum de publicité, suffisait pour certains à justifier cette exclusion. Mais d'autres ont avancé une explication plus sophistiquée. C'est le cas de Pierre Desgraupes : « Tout d'abord en arrivant, je me suis trompé parce que j'ai essayé de passer à 20 h 30 des émissions haut de gamme. J'ai changé en lisant une étude de l'Unesco dirigée par Michel Souchon. Elle analysait une quinzaine de chaînes dans sept ou huit pays, dont des pays socialistes, et montrait que les émissions correspondant à une certaine demande ne perdaient pas en audience quel que soit leur horaire entre 20 heures et 23 heures. C'est exactement ce qui s'est passé avec Decaux, d'abord programmé à 20 h 30. Fort de cette lecture, je l'ai déplacé un peu plus tard et lui ai dit : non seulement tu ne perdras pas de téléspectateurs mais tu en gagneras. C'est ce qui s'est passé ! »

A l'appui de cette thèse, l'expérience de Michel Polac, qui occupait à la même époque, sur TF1, avec « Droit de réponse », le créneau horaire de 20 h 30 le samedi. Il fut contraint par son PDG, Hervé Bourges, d'émigrer vers 22 h 30. Il protesta, cria au scandale et (déjà !) au sacrifice de la télé publique aux lois de l'audience, mais il s'aperçut vite que son public l'avait suivi dans sa grande majorité.

Malheureusement, cette loi de « conservation de l'audience » connaît tant d'exceptions que sa validité est loin d'être établie. Elle néglige en effet un constat de simple bon sens : après 22 heures, beaucoup de téléspectateurs, quels que soient leur intérêt et leur motivation pour regarder telle ou telle émission, n'ont d'autre choix que d'aller dormir...

## L'« effilochage » de l'audience

« Après 22 heures, on ne peut pas faire de miracles, confirme Pascale Breugnot. L'effilochage de l'audience se fait inexorablement, quelle que soit la qualité du programme. »

Cet « effilochage » touche particulièrement une émission comme « Océaniques », lancée en septembre 1987 par FR3 et la Sept. Son créateur, Yves Jaigu, est un peu le Jobert de la télévision : il est ailleurs, là où les autres n'osent pas aller, dans le désert de l'audience. Il fait de l'anti-Breugnot, il est une anomalie dans la nuit cathodique. Au sexe et à la psy de bazar il préfère la connaissance remisée dans les placards audiovisuels depuis belle lurette. Et il convainc, malgré quelque 2 à 3 % d'audience. De Barre à Rocard, tous ceux qui affirment vouloir une « autre » télévision citent cette émission comme exemplaire. A contre-courant du conformisme réducteur à la mode, « Océaniques » divise pourtant : d'un côté ceux qui se félicitent de voir enfin la télévision se réserver un minuscule espace pour les affranchir de la bêtise du quotidien ; de l'autre, ceux qui dénoncent l'alibi culturel d'une chaîne et d'un système qui ne font par ailleurs rien d'autre pour ouvrir à la connaissance. Oui, « Océaniques » est aussi de la culture ghetto, une manière de se débarrasser du problème. On procède d'ailleurs ainsi depuis longtemps avec les vieux et les handicapés : en leur consacrant des émissions spécifiques, à des heures difficiles, on renforce un peu plus leur isolement, mais en toute bonne conscience. C'est ce que j'appellerai la télé-Ponce Pilate.

« L'effilochage de l'audience », cette simple expression suffit à expliquer pourquoi les magazines d'information ou d'actualité diffusés après 22 heures ne feront jamais de gros scores. A cette heure-là, tout compte, et tout particulièrement le film qui précède, ou le programme « d'en face ». Producteurs d'« Édition spéciale », de « Chocs », de « Cinéma-cinémas » ou de « Résistances », nous savons que deux tiers des téléspectateurs seront couchés après le film du *prime time.* Nous savons aussi grâce à l'étude d'Elizabeth Ballaguy [16] que nous nous battons à un contre quatre ou six face aux films et séries grand public : des 27,5 points d'audience-foyer d'un « Maigret », il ne restera plus que 4,5 points pour une « Édition spéciale » pourtant consacrée à la rencontre Reagan-Gorbatchev. Les émissions de *prime time* ne sont donc que des tremplins fragiles. Un film qui dure jusqu'à 22 h 15 prend pour nous des allures de catastrophe, car avec les publicités, nous sommes sûrs de ne pouvoir « prendre l'antenne » avant 22 h 25 ou 22 h 30. Or, tous les spécialistes de l'audience le disent : jusqu'à 22 h 15 beaucoup de téléspectateurs peuvent encore s'engager pour l'émission suivante. Après, ils ne feront plus l'effort.

La rupture est là : le téléspectateur du *prime time* reçoit, celui de la nuit s'engage. Il y a de sa part une démarche volontaire vers un sujet qui le concerne, vers une idée ou une certaine

16. Elizabeth BALLAGUY, « L'audience des magazines d'information », *Médias Pouvoirs*, n° 10.

vision du monde. Après 22 heures, le téléspectateur veut apprendre et découvrir. Son exigence ne laisse rien passer. Il possède ce fameux « coefficient d'intérêt supérieur » (la mode est à la mise en équation du téléspectateur) qui oblige à ne pas tomber dans la facilité. Il donne du talent à la télé, en même temps qu'il s'en découvre ! Et nous savons que, s'il en est encore temps, le téléspectateur passif du film peut se muer en téléspectateur actif et rejoindre ceux qui attendent de la télé autre chose que des rediffusions ou des jeux.

Chaque semaine, les chiffres nous indiquent que ce public est forcément restreint, citadin, et situé en majorité dans des catégories sociales élevées. Pourtant, tous autant que nous sommes, nous poursuivons le rêve du plus grand nombre à la recherche d'une impossible télé d'adhésion, telle qu'on pouvait la pratiquer il y a encore vingt ans. C'est notre contradiction, du moins celle de ma génération qui ne parvient pas encore très bien à se faire à cette idée nouvelle et — irréversible — que les émissions à 25 % d'écoute sont devenues l'exception. Nous acceptons le « confidentiel » sans vraiment nous y résigner. Nous trouvons injuste cet « effilochage » d'audience qui, le plus souvent, ressemble à une violente hémorragie. Je pense en particulier à mon numéro de « Résistances » du 8 octobre 1987, programmé à 22 h 29 (précision de chef de gare !), après le film *Les Bronzés*. Jugez vous-même la chute vertigineuse : en cinq minutes de publicité entre les deux programmes, nous sommes passés de 39,5 % à 7,4 % ! J'en ai encore l'estomac chaviré ! C'est en des moments pareils qu'on doute et qu'on se dit pêle-mêle — le plus discrètement possible pour ne pas donner de mauvaises idées à ceux qui nous attendent au « tournant » des sondages : Serait-ce ma tête qui ne leur revient pas ? Mon émission serait-elle mauvaise ? les droits de l'homme n'intéresseraient-ils personne ?

Sur le coup on panique et on désespère. Puis on revient sur les sondages qu'on lit et qu'on relit, pour s'apercevoir, au bout du compte, qu'en quatre-vingts minutes d'émission l'« effilochage » n'a été que de 2,6 points [17]. On se dit, presque victorieux : A minuit moins le quart, ils étaient encore deux millions à me suivre ! Et on remercie pour leur abnégation ces valeureux voyageurs du bout de la nuit cathodique. Malgré tout, il faut des douches écossaises de ce genre pour mesurer notre vanité à vouloir intéresser un public qui n'en peut mais au-delà de 22 heures. On croit naïvement qu'il va attendre le début de l'émission, « pour voir » comme au poker. Mais la publicité a fait le pli, le téléspectateur est au lit, on est capot !

Cinéma, Économie ou Société, Droits de l'homme, ... les Boujut, De Closets, Wieder peuvent toujours s'escrimer à fabriquer un produit qui tienne la route, ils n'y gagneront rien en audience. Je pense à notre émission de décembre 1987 sur l'URSS. Jamais un numéro de « Résistances » n'avait bénéficié d'un tel « effet d'annonce ». Couverture de presse : Du *Figaro* à *L'Humanité* (une performance !), tous les quotidiens nationaux consacrèrent un article favorable à notre émission le jour de sa diffusion. Couverture télé : 100 %. Toutes les éditions d'information diffusèrent ce même jour le document inédit tourné dans un camp de détention à deux cent cinquante kilomètres de Moscou. Le « scoop » sera d'ailleurs acheté par une dizaine de télévisions étrangères. « Vendu » de cette manière à la presse, nous comptions sur une audience à tout casser... Résultat : 5,7 %, le plus mauvais score depuis la reprise de l'émission en octobre ! Tandis que notre document sur le camp était diffusé aux heures de plus grande écoute aux États-Unis, en Angleterre, au Japon, en Allemagne fédérale, au Canada, que Pierre Salinger recueillait mon témoignage, nous ne parvenions pas ici, dans l'Hexagone, à intéresser plus de 2 400 000 téléspectateurs.

Que faut-il donc faire ? se demande le producteur angoissé. « Du cul », répond Pascale Breugnot (24,5 % pour « Supersexy »). Facteur de brouilles conjugales, le « cul » est un bon

17. Sondage audimat de « Résistances » du 8 octobre 1987 quart d'heure par quart d'heure : 7,4 % ; 7,3 % ; 6,1 % ; 5,1 % 4,8 %.

ciment télévisuel ! Il arrive en tête des hits de la nuit devant le fric (« Édition spéciale » sur A2 n'a dépassé les 10 % que le jour où elle a traité des milliardaires) et les petites histoires des grandes familles (15,5 %, le meilleur score du « Droit de réponse » sur les dynasties [18]). La télévision de la nuit la plus rassembleuse serait-elle celle d'un affligeant compromis entre *Play Boy* et *Point de vue et Images du monde* ? Si tel était le cas, plus de 5 millions de personnes n'auraient pas suivi, jusque tard dans la nuit, l'émission *Shoah* sur TF1. Bruno Frappat en a fait, en peu de mots, la plus belle des analyses : « Pour chaque juif exterminé pendant la guerre, un Français veillait ainsi, saisi comme pour un hommage muet. Pour chaque mort de ce temps, un vivant [19]. »

Diffusé après 22 h 30 sur une chaîne à peine sortie de ses premières convulsions de privatisée, *Shoah* a produit un véritable choc sur l'opinion française. Étienne Mougeotte en a légitimement tiré de la fierté pour ses programmes, même s'il avait trouvé l'émission dans l'héritage de ses prédécesseurs. Mais il aurait fallu plus d'audace encore pour la diffuser à une heure de grande écoute, comme cela s'est fait dans d'autres pays. Claude Lanzmann raconte : « Aux Pays-Bas où le film a été projeté deux dimanches consécutifs à 20 heures par une petite station de télévision, la vie s'est arrêtée, 2 millions de personnes ont vu *Shoah*. Aux États-Unis, il a été programmé quatre soirs de suite en *prime time*, sur tout le territoire, avec une audience considérable. Au point que la station de New York, Channel 13, l'a diffusé une seconde fois sur une journée entière. Du jamais vu dans l'histoire de la télévision américaine. En Italie, la diffusion à 23 heures au lieu des 22 heures initialement prévues a fait un tel scandale que la RAI l'a programmé de nouveau à 21 heures [20]. »

Ces propos donnent la mesure du degré de timidité de

18. « Le Hit parade 87 de la télévision », *Télé 7 Jours*, 16 octobre 1988.
19. Bruno FRAPPAT, « La nuit de la mémoire », *Le Monde*, 5 et 6 juillet 1987.
20. Claude LANZMANN, interviewé par *Le Monde*, 28 et 29 juin 1987.

notre télévision. L'expérience de *Shoah* à l'étranger, d'ailleurs loin d'être unique, montre qu'il n'y a pas de fatalité des mauvais scores pour les émissions dites « intellos » diffusées en *prime time*... à condition qu'elles soient bien faites. Sans demander *Phèdre* tous les soirs à 20 h 30 (6 % d'écoute lors de sa diffusion sur A2), il y a place pour des créations ou magazines qui enrichiraient nos connaissances sans pour autant nous ennuyer. Les Britanniques excellent dans cet exercice et n'ont pas hésité, par exemple, à diffuser en *prime time*, *Les Malouines, révélations sur une tragédie anglo-argentine*, un remarquable document qui a secoué toute l'opinion publique d'outre-Manche.

Combien de chauffeurs de taxi, d'artisans ou d'ouvriers ne m'ont-ils pas dit à propos de « Résistances » : « Pourquoi votre émission passe-t-elle si tard ? Elle nous intéresse mais nous ne pouvons la regarder jusqu'au bout... On doit se lever tôt le matin. » Mais les chaînes françaises ne sont plus assez courageuses pour risquer ce genre de pari. Elles préfèrent, comme TF1, reléguer les grands documentaires à deux heures du matin ou supprimer carrément des émissions comme « Le Monde en face », qui auraient pu nous éviter de nous endormir idiots. La télévision de la connaissance sera bientôt le privilège des riches et l'instrument privilégié des inégalités.

De la même manière que ses pairs ont couvé une scandaleuse justice à deux vitesses, François Léotard a enfanté une télé inégalitaire. Au nom d'un libéralisme quasi mystique, il a voulu la concurrence et le marché. La « recette » devait libérer l'audiovisuel et lui ouvrir les portes du troisième millénaire. Le paradis qu'il nous annonçait n'est plus qu'une bastille gardée par l'audience, anonyme mais impitoyable. Son châtiment peut s'abattre à tout moment sur ses courtisans comme sur les autres. Grands ou petits, illustres ou inconnus, tous sont menacés du gibet de l'audimat.

3

# L'Audimat-sanction

« Ce système est impitoyable », me dit une journaliste de TF1 plantée devant l'affichage quotidien des résultats d'audience des émissions de la veille. A chaque étage de Cognacq-Jay, on publie ainsi les bans de l'écoute, chaîne par chaîne, sans oublier le cours boursier de l'action TF1. Le conditionnement commence ici, sans pudeur. Tant pis pour les improductifs, on se passera d'eux. Tant pis pour ceux qui se sentent mal à l'aise : « Ils n'ont qu'à partir », menace Étienne Mougeotte. Tant pis pour les états d'âme.

Big Brother-Audimat règne sans partage sur les investissements publicitaires, devenus le poumon d'une télévision livrée aux commerçants depuis la grande braderie de septembre 1986. Voilà pourquoi, un an plus tard, TF1 et la Cinq croisaient le fer sur les qualités et la fiabilité des chiffres de Médiamétrie, institut de mesure de l'audience. Quand on veut se débarrasser de son chien, on dit qu'il a la rage ! Étienne Mougeotte lançait l'offensive en accusant Médiamétrie d'avoir fourni à la Cinq des renseignements confidentiels sur les téléspectateurs sondés. Quelques jours plus tard, Philippe Ramond, directeur de la Cinq, contre-attaquait en mettant en cause le choix de l'échantillon. Déstabilisé par ces coups répétés, Médiamétrie trouvait cette formule : « La télévision donne la fièvre, mais est-ce une raison pour accuser le thermomètre [1] ? »

1. Communiqué de Mme AGLIETTA, présidente de Médiamétrie, 26 août 1987.

La polémique déclenchée par TF1 n'avait en fait qu'un seul but : « casser » Médiamétrie à la veille du démarrage des nouveaux programmes de la Cinq et introduire le doute dans l'esprit des annonceurs. « On casse le baromètre quand il affiche ''Beau fixe'' pour TF1 et on laisse l'image éternelle de la Une contrôlant encore 42 % des parts du marché [2]. » Médiamétrie s'en relèvera, mais il lui faudra attendre mars 1988 pour s'imposer face au CESP (Centre d'études des supports de publicité), incapable de financer son propre système de mesure.

Avec l'ouverture du paysage audiovisuel au privé la bagarre était inévitable, tant le financement des systèmes de mesure était dépassé. « Médiamétrie est l'héritier du CEO (Centre d'études d'opinion), qui était lui-même l'héritier du service des études d'opinion de l'ORTF, explique Michel Souchon. Au moment de l'éclatement de l'ORTF en 1974, on ne savait pas quoi faire de ce service. La loi chiraco-giscardienne lui a demandé de continuer à donner des chiffres pour répartir et distribuer la redevance. Comme la répartition était publique, on a dit : ''Il faut que ce service soit public'', et on l'a rattaché aux services juridiques et techniques de l'information. Cela a créé une situation juridique incroyable et folle d'un service public chargé de se battre à l'intérieur de lui-même ! Du coup, les responsables ont eu tendance à garder les chiffres pour eux en tenant à l'écart de l'audimétrie les professionnels de la publicité. Ils donnaient leur argent aux régies des chaînes pour ne même pas savoir quand et où passeraient leurs spots ! Ils devaient se contenter des résultats du CESP tous les trois mois. Le CEO gardait les siens pour distribuer l'argent de la redevance, d'où la grande hostilité des publicitaires à l'égard de cet organisme.

« Quand en 1985 on a créé Médiamétrie, avec statut privé, pour remplacer le CEO, l'hostilité des publicitaires n'a pas diminué car la tutelle a maintenu un rôle extraordinairement

2. Philippe KIEFFER, *Libération*, 28 août 1987.

fort de toutes les sociétés publiques présentes en masse dans le capital de cette société. Les publicitaires ont donc crié au scandale en disant qu'on ne pouvait faire confiance à une société entre les mains des diffuseurs et des pouvoirs publics. C'est à ce moment-là que le CESP a décidé lui aussi d'attaquer le marché de l'audimétrie, par le biais du bouton-poussoir que voulait également mettre en œuvre Médiamétrie. Et la guerre a commencé ! C'est dans ce contexte que Médiamétrie, plus forte financièrement, a fini par l'emporter en mars 1988... C'est sur cette guerre qu'est venu se greffer l'épisode tragicomique qui a opposé la Cinq à TF1. »

## La bête noire

On estime à 19 millions le nombre de foyers français équipés de téléviseurs. Mille d'entre eux ont été choisis selon des méthodes d'échantillonnage classiques, pour être équipés d'un boîtier électronique branché sur le téléviseur ; ce boîtier enregistre toutes les pressions de touches : changements de chaînes, marche, arrêt. Pendant la nuit, la « boîte noire » signale à un ordinateur central relié par ligne téléphonique les émissions regardées durant la journée (mais elle ne dit rien, bien sûr, du nombre de personnes qui les ont suivies ni de la durée de leur écoute). Regroupées et analysées, ces données sont disponibles dès le lendemain sous la forme de moyennes d'audience audimat. Sachant qu'un point audimat représente 194 000 foyers de trois personnes en moyenne, on dispose ainsi d'une idée du nombre de téléspectateurs qui ont regardé telle émission ou tel spot publicitaire.

Ce système de mesure de l'audience a fait l'objet de nombreuses critiques, fort justifiées. Un échantillon de 1 000 personnes semble insuffisant car la multiplication des chaînes, et donc des boutons de la télécommande, augmente la marge d'erreur (plus ou moins 2 % selon les spécialistes). Par ailleurs, les boîtes noires ne peuvent mesurer l'audience individuelle. Une famille n'est pas toujours installée au grand complet devant son écran, si tous ses membres quittent la pièce sans éteindre le récepteur, la boîte continue à enregistrer... C'est ce que *Le Canard enchaîné* appelait la « médiapifométrie » au plus fort de la polémique qu'il avait lui-même déclenchée par la publication des fichiers-échantillons utilisés par la Cinq.

C'est pour tenter de pallier ces insuffisances que les sociétés Télécontrol et Secodif avaient prévu d'installer, dès janvier 1989, pour le compte de Médiamétrie, deux panels audimétriques à boutons-poussoirs (soit 2 000 foyers, pour un coût de 30 millions de francs). La société Sofres-Nielsen devait faire de même pour son propre compte, sur un échantillon plus réduit (500 foyers, 10,5 millions de francs). Désormais, chaque membre d'une famille « panélisée » disposera d'un bouton à son nom sur lequel il suffira d'appuyer pour signaler sa présence devant le téléviseur. La mesure d'audience individuelle est plus précise mais plus contraignante pour le téléspectateur puisqu'elle l'oblige à un geste rationnel. En cas d'oubli, un voyant lumineux le rappellera à l'ordre. Éventuellement, il pourra noter les émissions. Un véritable piège à audience, un système impitoyable... En tout cas plus efficace que le Motivac, audimètre à détection passive que la société Broquet et Cie comptait mettre en place dans 2 000 foyers d'ici à la fin de 1988. Doté d'un matériel électronico-optique, ce système permet de comptabiliser automatiquement le nombre de personnes devant le récepteur. Il est donc moins contraignant mais ne sait pas identifier qui, du nourrisson ou de la grand-mère, est face à l'écran. Motivac est donc appelé à rester marginal.

« Le bouton-poussoir est devenu la norme européenne et internationale, explique Michel Souchon. Partout où il fonctionne, il est satisfaisant. Il y a bien des erreurs possibles, mais elle sont vite corrigibles par ce que l'on appelle les enquêtes coïncidentales. On téléphone à la famille équipée de ce système à une heure précise en lui demandant si son poste est allumé et combien de personnes le regardent, puis on confronte cette interview aux résultats des déclarations audimétriques du *people's-meter*. Si on s'aperçoit qu'un foyer est trop souvent hors des déclarations, on le remplace.

« Ce système du bouton-poussoir qui érige le contrôle des personnes en principe, moralement dangereux, est une aubaine pour les acheteurs d'espaces publicitaires. Parce que plus précis, le résultat du bouton-poussoir leur permettra d'acheter leurs espaces moins chers tandis que les producteurs vivront encore plus dans le stress ! »

« Aux États-Unis, raconte Pascal Josèphe, le bouton-poussoir a complètement bouleversé l'ordre hiérarchique des chaînes. Pour la première fois de son histoire, CBS est devenue la lanterne rouge des grands *networks*, avec une perte de 15 % d'audience. Les pertes publicitaires pour les trois grands réseaux se chiffrent à cinquante millions de dollars ! Il est probable qu'en France cela va aussi modifier l'idée que l'on se fait de la répartition du marché entre les chaînes. Par exemple TF1, dont le public est populaire et familial, sera sans doute desservie. Le grand changement tient surtout au fait que l'on disposera de l'audience individuelle en temps réel. Il va nous falloir intégrer quelques nouvelles données chiffrées et rectifier nos plans médias en conséquence. Ce n'est pas dramatique, il nous faudra le temps de prendre nos marques. »

Même s'il ne s'agit que d'un sondage auquel le téléspectateur participe de manière volontaire, nous sommes en train de nous préparer le meilleur des mondes cathodiques. « Le téléspectateur devient petit à petit un télé-consommateur », critique Pascal Josèphe, non sans ambiguïté, puisque son métier est fondé sur cet axiome. « Sa relation passionnelle avec la télévision sera progressivement remplacée par une relation purement utilitaire. Le fossé est en train de se creuser entre la télévision et son public. A partir du moment où le téléspectateur n'a plus le sentiment inconscient que la télévision lui appartient parce qu'il paie la redevance, il s'en détache. La disparition à terme de cette relation intime et affective risque de provoquer une révision déchirante des modes de fonctionnement actuels de la télévision. »

## La rentabilité contre la création

Il est fini, bien fini, le temps où, à Paris comme à New York, on n'accordait aux indices d'écoute que l'importance de statistiques parmi d'autres. Aujourd'hui, de mauvais chiffres jettent le trouble ou la panique dans la tête des journalistes. Quant aux responsables de chaînes, ils n'osent même plus faire de programmation à long terme puisque le système n'autorise ni le risque ni l'expérience dans la durée. Dans ces conditions, quelle place reste-t-il pour la création ?

Anne Sinclair n'est pas très optimiste : « L'urgence du commercial fait qu'on ne prendra plus le temps d'installer un programme, on ne prendra plus le risque de lancer une émission qui ne soit pas conforme à l'idée qu'on se fait du maximum d'audience. Il faudra qu'elle soit rentable très vite... » Au nom de cette logique inhérente au privé, « Apostrophes » n'aurait pas duré plus de trois mois...

La mesure permanente, et de plus en plus perfectionnée, de la compétition inter-chaînes a déjà transformé la télévision en terrain de luttes fratricides. Même Dominique Cantien, pourtant venue à TF1 pour « faire de l'écoute et de l'argent », reconnaît : « Du public au privé, ce qui a énormément changé, c'est l'o-bli-ga-tion de faire de l'audience, comme une espèce de névrose. Le *challenge* nous oblige à donner le meilleur de nous-mêmes, en ne pensant qu'à ça. Mais l'audience à tout prix est quelque chose de fatiguant, de stressant et même de paralysant. Si je me réveillais le matin en pensant : Ah ! je suis formidable, j'ai fait 37,2, c'est que je n'irais plus très bien ! » Combien se sont mal réveillés ce matin...

Parce que son journal accusait depuis quelques mois un retard de deux points audimat sur celui d'A2, Yves Mourousi est tombé de son trône. La star du « 13 heures » de la Une se croyait protégée par la notoriété, des amitiés transpolitiques et la solidité du contrat qui la liait à Francis Bouygues. L'homme de tous les « coups » (Brejnev, Kadhafi, le Vatican... le président...) n'a pas échappé à l'implacable logique marchande de ses patrons. Après treize années de journal et quelques semaines de tractations serrées, il a dû céder son fauteuil, et vite. Tout comme Christine Ockrent, quelques mois plus tard.

Pourtant, l'un des douze commandements de la maison affirme : « Nous donnons la primauté aux hommes en reconnaissant l'identité de chacun. » Ce n'est pas du tout l'avis de Michel Denisot jeté comme un kleenex pour les « mauvais » sondages (6 % à 22 h 30) de « Ciné-Stars » : « On a parfois l'impression d'être face à des monstres froids qui n'ont pas d'âme [3]. » Michel Denisot se défend comme un beau diable et considère cette suppression comme un échec de la programmation de TF1. « Ce n'est pas de la sorte qu'on pousse une émission, dit-il, en la mettant brutalement en concurrence avec les ''Dossiers de l'écran'' ou ''Mardi-Cinéma''. » La société Ellipse, qui produisait « Ciné-Stars » ne s'est d'ailleurs pas résolue à accepter le diktat de TF1, qu'elle a attaquée en justice pour rupture unilatérale et abusive de contrat.

Il y a donc bien un système Bouygues, fondé sur le mépris des hommes que « l'on jette comme des briquets » (Christine Ockrent) au nom de la rentabilité. « Ils font des choses lamentables du point de vue humain et ne trouvent pas forcément de meilleures affaires », déplore Michel Souchon qui a lui-même souffert du système Bouygues pendant quelques mois. Par exemple Christophe Dechavanne avait de meilleurs résultats que Galiano qui lui a succédé et qui va lui-même disparaître. Il y a une espèce de logique folle, on ne laisse pas aux gens le temps de vivre et de s'installer et on exerce sur eux une pression telle qu'ils finissent par ne plus être bons et sombrent dans la démagogie.

« J'étais complètement affolé par cette utilisation de l'audimat. C'est une des raisons de mon départ. J'ai vécu toute cette période de manière pénible. Pierre Wiehn est arrivé comme conseiller d'Étienne Mougeotte avec dans ses bagages des gens qui faisaient à peu près la même chose que moi. Suivant la

3. Michel DENISOT à *L'Événement du jeudi*, 25 février au 2 mars 1988.

bonne vieille méthode Bouygues, ils nous ont mis en concurrence : le meilleur et le plus fort gagne. Sauf qu'en général c'est plutôt le plus fort que le meilleur qui gagne. Tout allait dans le même sens. J'ai craqué, malgré tout l'intérêt que je trouvais à voir évoluer ce monde complètement nouveau pour moi. »

De Paris à New York, c'est donc le même climat. « Si les résultats d'une émission étaient mauvais, raconte Ethel Winant, un des vétérans de CBS et NBC, on n'en faisait pas un drame, on travaillait sur quelque chose d'autre. Aujourd'hui, tout le monde ne parle que d'indices d'écoute. Quand ils sont mauvais, on a droit toute la journée à des "Mon Dieu, c'est un désastre !" La compétition nous a rendus fous... [4]. »

Dans cet univers pour le moins angoissant, il n'en est qu'un, Jean-Claude Bourret, pour déclarer, ravi : « Ce qui est formidable sur une télé commerciale, c'est la sanction. » Stéphane Collaro ne dit rien de bien différent, mais de façon plus spirituelle : « Les pauvres stars stressées, je leur conseille d'habiter des cliniques à côté de la télé. C'est quand même incroyable ! On fait des métiers publics, on gagne pas mal d'argent et en plus il faudrait être épargnés par les sondages. La sanction de l'audimat est complètement normale. Simplement, TF1 la présente de manière un peu agressive. Son image risque de se détériorer parce qu'elle devient une chaîne trop ludique, ses patrons en sont parfaitement conscients. Quant aux stars stressées, désolé, je ne compatis pas [5] ! » Stéphane Collaro sait de quoi il parle... Après son purgatoire sur la Cinq, il a retrouvé la tête des sondages en quelques jours de présence quotidienne sur TF1. Pestiféré hier sur une chaîne de l'échec, la diffusion du « Bébête show » en pleine campagne électorale l'a hissé au rang d'événement médiatique. Au même titre que le quatuor des Nuls (programmés à la même heure sur Canal Plus), il était devenu la déviation créatrice et burlesque, le révélateur de la nullité ambiante.

4. In Todd GITLIN, *Inside the Prime Time*, Pantheon Books, New York, 1983.
5. Stéphane COLLARO à *Télérama*, 20 mai 1988.

# 4

# Fille de pub !

Ils sont tout sourire nos Bouygues' Boys : ils ont gagné le *challenge* si cher au patron bien-aimé, qu'ils appellent affectueusement « papy ». A peine un an après le rachat, au prix fort (3 milliards de francs), de la chaîne publique, TF1 affiche une part du marché de l'audience jamais atteinte dans l'histoire de la télévision : 47,5 %. Nous sommes en décembre 1987. Toutes les autres chaînes sont KO debout, à commencer par A2 qui marque un pénible 28,8 % alors qu'un an plus tôt elle faisait jeu égal avec la Une. 47,5 %, un record. Autant que les autres chaînes réunies. Le triomphe de « télé-fric » se lit dans les recettes publicitaires : 3,3 milliards de francs en 1987, une prévision de plus de 20 % pour 1988. TF1 n'est plus qu'un écran de pubs entre lesquelles on diffuse des programmes pour… drainer la pub.

En élargissant le paysage audiovisuel, la loi Léotard a libéré les vannes de l'argent. Il suinte aujourd'hui sur nos écrans abasourdis : dc 1986 à 1987, la durée de publicité autorisée est passée de 18 minutes par jour à 12 minutes par heure ! Le barrage a cédé et englouti les vieilles pratiques en un éclair. Les mêmes annonceurs qui, en 1986, se bousculaient pour décrocher au petit bonheur la chance un coin d'espace publicitaire sont devenus des stratèges qui sondent les audiences au microscope. « Ai-je ''mis le paquet'' sur la bonne chaîne, à la bonne heure ? » Pour apaiser leur angoisse, ils s'en remettent à ces nouveaux professionnels qu'on appelle « acheteurs d'espaces » ou « médias-planeurs ». Ils sont maintenant le passage obligé entre l'annonceur qui cherche à convaincre de la qualité de son produit, l'agence de publicité qui crée le message et les régies publicitaires des chaînes qui vendent des temps d'antenne, les espaces.

Regroupés en centrales d'achat, les acheteurs d'espaces existaient avant le raid de la publicité sur la télévision. L'éclatement du PAF a simplement déplacé leurs priorités : la presse écrite et les radios sont passées au second plan (en 1986, les quinze premiers acheteurs d'espaces fournissaient 90 % des recettes de RTL). La vraie bataille se joue en effet sur la télévision : d'un côté l'acheteur d'espaces qui veut payer le moins cher possible, de l'autre le vendeur qui veut tirer le meilleur profit.

« Hier, dit Georges Chryssostalis [1], nous gérions tranquillement des obligations. Aujourd'hui, ce sont des mines d'or à surveiller constamment. Notre métier ressemble de plus en plus à celui d'agent de change. On doit l'exercer sur un marché fluctuant, non maîtrisable, que ne cessent de bousculer les contre-programmations, les transferts de vedettes, les changements de grilles ou l'achat de séries ou films à succès. » Enjeu de cet énorme marché : 10 milliards de francs par an répartis sur 1 500 écrans publicitaires chaque semaine. Sachant que le coefficient de rentabilité d'une publicité peut varier de 1 à 100 selon la mémoire qu'en gardent les téléspectateurs, on comprend l'inquiétude des acheteurs d'espaces. L'opulence impose des choix d'autant plus difficiles que l'erreur coûte cher : 30 secondes le dimanche soir, au milieu du film de TF1, valent près de 465 000 F !

## Les programmes non communiqués (PNC)

Telle est la guerre des écrans publicitaires... Quelques batailles nécrologiques sont déjà passées à la postérité. Ainsi,

1. Georges CHRYSSOSTALIS, président d'Utile, filiale de l'agence FCA et B, centrale d'achat d'espaces ; *Le Monde*, 10 octobre 1987, et *Le Nouvel Observateur*, 11-17 mars 1988.

apprenant qu'A2 programmait un hommage au plus insolent de nos comiques disparus, TF1 décida de diffuser, le même soir, un hommage à Daniel Balavoine (avec Coluche, A2 fit cependant deux fois plus d'audience). En mars 1988, pour contrer « La Nuit des césars » sur A2, TF1 annonçait un peu trop tôt un hommage à Claude François : A2 réagissait aussitôt et demandait à Michel Drucker d'organiser au plus vite un hommage au chanteur...

« Cette bagarre stupide remonte à loin, explique Michel Drucker. Il y a cinq ans, j'avais fait deux hommages à Brassens que Mougeotte, alors directeur de *Télé 7 jours*, avait beaucoup aimés. Puis j'ai continué avec Tino Rossi, Dassin, Le Luron et Coluche. Constatant le succès, TF1 (où se retrouvait Étienne Mougeotte !) a décidé de faire la même chose. Le comble de l'absurde est arrivé lorsqu'ils ont programmé Balavoine contre Coluche. Tout cela est complètement infantile ! J'espère que TF1 va arriver à pratiquer une télévision plus calme car, à terme, cette méthode risque de lui coûter très cher. »

Le journaliste Philippe Gavi raconte une anecdote moins connue : « Vendredi 12 février, cours Albert-Ier. Réuni au grand complet, l'état-major de M6 met au point les derniers détails de l'opération *Rambo*. La benjamine du PAF souffle sa première bougie en braquant ce gros calibre le dimanche 28 février et le jeudi 3 mars, à 20 h30. Marin Karmitz, son "Monsieur Cinéma", en a racheté les droits à Canal Plus, doublant ainsi TF1 qui n'en sera détentrice qu'à partir de mai. Top secret. Prévenus à temps, les ennemis TF1 et la Cinq pourraient contre-attaquer par un autre film choc. La régie n'avertira ses annonceurs que sous 72 heures. Si ces derniers veulent maintenir leurs positions, ils devront "rallonger" 80 000 F ; le spot de 30 secondes leur reviendra alors, pour deux diffusions obligatoirement couplées, à 150 000 F au lieu de 70 000 F. Le contrat d'achat d'espace réserve en effet toujours aux chaînes la possibilité de modifier les tarifs... en cas d'événements exceptionnels [2] ! »

2. Philippe GAVI, *Le Nouvel Observateur*, 11-17 mars 1988.

Cette pratique a considérablement gêné les annonceurs, contraints d'investir à l'aveuglette alors que l'élargissement du paysage audiovisuel devait justement leur permettre de rechercher à tout moment la meilleure rentabilité de leur investissement publicitaire. « Cette guerre entre les chaînes, explique Pascal Josèphe, s'est finalement retournée contre elles parce qu'elles ont freiné les investissements publicitaires : quand un annonceur ne sait pas où vont ses sous, il ne les met nulle part. Au bout de quelques mois nous avons organisé un front commun avec les magazines de télévision pour dire aux chaînes : ''Ce n'est plus possible.'' Cette convergence d'intérêts a permis d'obtenir des diffuseurs qu'ils communiquent leurs programmes dans des délais raisonnables, c'est-à-dire ceux correspondant au bouclage des hebdos-TV. Aujourd'hui le système est relativement satisfaisant. »

On comprend le souci de régulation de Pascal Josèphe et des autres acheteurs d'espace lorsqu'on connaît le budget publicitaire que traite par exemple sa société, Carat-TV : deux milliards de francs, l'équivalent du budget total d'Antenne 2 ! A la recherche de la meilleure efficacité de l'espace publicitaire, Carat-TV a mis au point le système « Estimat », qui interroge, quatre semaines avant diffusion, cinq cents foyers sur leurs intentions d'écoute de telle ou telle émission. « Estimat n'est pas un système qui se contente de recueillir des déclarations, précise Pascal Josèphe, il les corrige par une connaissance des comportements réels. On ne s'en tient pas aux chiffres bruts. Une fois réalisées les corrections scientifiques, on rectifie encore au dernier moment de manière intuitive. En général, le panel se surestime car les téléspectateurs veulent toujours se présenter sous leur meilleur jour. Nous parvenons à des résultats relativement fiables grâce à notre expérience de la télévision. »

La presse professionnelle a suivi le train. Ainsi le journal *Médias* sélectionne-t-il chaque semaine vingt-six écrans publicitaires pour guider les annonceurs dans leurs choix. Comme un journal boursier, il conseille et indique ce qu'il faut acheter ou éviter, le bon ou le mauvais placement. Ainsi pouvait-on lire pour la semaine du 9 octobre 1987 : « A2. Lundi au vendredi, 20 heures. Journal (Henri Sannier). Résultat d'audience 19 %, tarif du spot de trente secondes : 250 000 F ; coût au mille, 13 000 F ; prévision d'audience 19 %. Observations : Sannier à la hausse. » Voilà donc notre télévision transformée en « corbeille » avec ses valeurs sûres, ses cotes à la baisse (et sans doute un jour son « Big Bang » ?).

Et l'analogie boursière va même plus loin : l'expérience aidant à une meilleure maîtrise du « gisement » publicitaire, les acheteurs d'espaces ont en effet affiné leur tir. Ils ont cherché au-delà du *prime time* et découvert que la télévision des couche-tard pouvait être exploitée à profit dans le cadre de ce que l'on peut appeler le « second marché ». Le public y étant plus disponible et hautement fidélisé, il suffit de « labourer » cette tranche horaire à coups de publicités haut de gamme et un peu snobs. A raison de cent à cent trente mille francs le spot de trente secondes, le risque est faible. « Contrairement au *prime time* qui ressemble à une sorte de marteau-pilon, explique Pascal Josèphe, le *day time* implique une plus grande richesse d'analyse de l'instrument. L'audience y est plus éclatée, plus morcelée et le contenu du programme prend beaucoup plus d'importance. Suivant son titre et son contenu, un film diffusé à 22 h 30 conduit tel ou tel type de message. On ne peut pas mettre n'importe quoi à cette heure-là. Vous ne trouverez pas de publicités pour des lessives, mais pour des biens de consommation réservés aux catégories socioprofessionnelles élevées ou aux produits liés au petit déjeuner. »

## Tout est à vendre !

La pub grignote le moindre espace : 46 minutes par jour sur TF1 en 1986, plus de 100 en 1988. Cette irruption massive est condamnée par 84 % des Français (selon la Sofres : une écrasante majorité de téléspectateurs seraient devenus publiphobes), si l'on en croit les sondages. En tête de leurs critiques, l'interruption des films et de certains magazines porteurs d'une « valeur culturelle ». Non seulement ils condamnent, mais ils se sentent solidaires du combat mené par ceux qui tentent de résister à ce diktat.

Pierre Boutron fut le premier à refuser toute coupure de son œuvre : il n'a pas cédé depuis, et son film croupit dans les placards de TF1. Colinne Serreau ne voulait pas d'interruption publicitaire de *Trois hommes et un couffin*... Elle a fait un procès à TF1, qui avait passé outre. « En violant mes instructions, dit-elle, TF1 a réalisé un profit de cinq millions. Sur mon dos. Je pense que la logique du système voudrait que les créateurs perçoivent un pourcentage de la recette [3]. »

Les créateurs sont en fait à la merci de la chaîne, qui inscrit en toutes lettres sur les contrats qu'« elle se réserve le droit de modifier toute scène, tout dialogue, tout montage du film pour y introduire à son gré du sponsoring ou de la publicité. » Au moins, les choses sont claires ! Si vous n'acceptez pas la règle, vous passez pour un « mauvais coucheur » du genre de Claude Santelli, et serez bien vite exclu des écrans. Si vous acceptez, même la mort dans l'âme — car il faut bien vivre —, tant pis pour les téléspectateurs : « Ils s'y habitueront », déclare avec cynisme le PDG de TF1-Publicité.

Tous, pourtant, ne s'y habituent pas. En témoigne notamment, de façon spectaculaire, l'initiative de Chantelle, petit village du Bourbonnais. D'abord seul, puis avec l'aide de Jack Ralite et de personnalités du cinéma (dont Fellini), un actif retraité de soixante-trois ans, Jean-Paul Serat, a recueilli en 1988 plus de 6 000 signatures contre « la pub en plein milieu des films, documentaires et autres créations télévisuelles ». Il a même créé une Association nationale de défense de la télévision : malheureusement un David ignoré du géant bétonneur qui encaisse 500 millions de francs par an grâce aux interruptions de programmes.

3. Colinne SERREAU, interviewée par *Télérama*, 17 février 1988.

« Ce sont les publicitaires qui décident du programme, affirme Claude Santelli, l'heure des héros positifs et des œuvres génératrices d'audience a sonné, bref, l'heure d'une forme de censure et d'un conformisme effrayant. Non seulement la France est en passe d'adopter un modèle dépassé, forgé aux États-Unis dans les années cinquante, mais elle livre sa télévision au pire des amateurismes[4]. » Une « forme de censure » qui affectera sans doute les fictions de Pascale Breugnot, annoncées à grand renfort de presse en avril 1988 : elles devront être « formatées », conçues selon un rythme imposé par les coupures publicitaires dont la place est prévue dès l'écriture. Cette obligation, déjà impérative pour les téléfilms, va très vite s'imposer aux films de cinéma dont beaucoup sont coproduits par la télévision et destinés à être diffusés par elle. Doillon, Besson, Carax « formatés », quel massacre !

« Si on veut augmenter la production de fictions originales pour alimenter les chaînes privées, il faut tenir compte de leur politique commerciale et prévoir des coupures publicitaires, argumente Pascal Josèphe. Il vaut mieux les prévoir que de couper les fictions n'importe comment. Il faut être logique tout de même ! On ne peut pas dire qu'on souhaite l'élargissement du paysage et refuser les chaînes commerciales. Ce n'est pas logique. » Pourtant, Pascal Josèphe reconnaît que la multiplication des chaînes n'a pas entraîné l'augmentation de la production attendue autant, selon lui, pour des raisons historiques qu'économiques : « Pendant longtemps toute la production française a été assurée de son financement par le système de la redevance et les chaînes publiques qui commandaient à la SFP. La première conséquence est que l'on n'a sans doute pas fait les efforts nécessaires au moment voulu pour que cette production soit aussi exportable. Si on avait été dans l'obligation d'exporter pour assurer les bouclages financiers, on aurait limité les importations américaines. On aurait imposé d'autres produits sur les marchés extérieurs, acquis une

4. Claude SANTELLI, interviewé par *Le Monde*, 3-4 avril 1988.

autre expérience, développé des méthodes de production plus performantes, enfin, nous ne serions pas confrontés au problème d'écriture que nous observons aujourd'hui. »

Cette inadaptation des auteurs français au marché audiovisuel moderne est également relevée par Pierre Lescure, le brillant directeur général de Canal Plus, la seule vraie réussite télévisuelle française de ces dernières années : « C'est un énorme problème pour le cinéma et la télévision, média populaire, quotidien et répétitif. Un feuilleton est une relation de copinage avec le téléspectateur. Celui-ci a besoin de s'attacher aux personnages et de les retrouver, inchangés et familiers, à chaque épisode. Pour écrire les séries grand public comme *Santa Barbara*, les auteurs anglo-saxons établissent une sorte de "Bible" qui codifie tout : le sujet, son cadre, la typologie extrêmement précise et détaillée des héros... Les auteurs français, eux, se soucient peu des règles et changent tout au troisième épisode ! Ils ne sont pas formés au marché audiovisuel moderne. Résultat : nous achetons des séries américaines. Autre handicap : dans une télévision industrielle, il faut que les auteurs acceptent de travailler en groupe. Or notre législation actuelle ne le permet pas. Il est plus facile, pour des Français, de monter un groupement d'auteurs à l'étranger. En France, l'auteur individuel est roi !... J'espère que la loi pourra être modifiée dans l'optique du marché européen de 1992, et que la nouvelle génération de scénaristes, nourrie de télé, sera mieux adaptée [5]. »

Mais cette réforme que réclame Pierre Lescure n'aboutira à rien si on ne met pas un terme à la concentration de la production audiovisuelle par les Bouygues, Berlusconi et autres. Car malgré l'intervention des pouvoirs publics pour rééquilibrer le rapport de forces avec les télévisions, notamment par le biais des Sofica et la suppression des commandes obligatoires des chaînes publiques à la SFP, la production privée n'a pas trouvé l'oxygène qu'on voulait lui donner. Les marchands du

5. In *L'Express*.

Temple se sont servis les premiers et l'ont étouffée. C'est ce qu'explique Pierre-Angel Gay : « C'est le groupe Bouygues, principal actionnaire de TF1, qui prend 35 % de PAD, la maison de production de M. Alain Denvers, ancien directeur de l'information de la chaîne ou qui crée Challenger Production avec Mme Marie-Laure Reyre et Danièle Thompson, toutes deux membres du conseil de création de la chaîne. C'est la GMF, elle aussi partenaire de la Une, qui lance Prony-Production et Multi-Images. C'est encore le magnat italien Silvio Berlusconi, copatron de la Cinq, qui s'apprête à réactiver Europe 5, une société française de production, filiale à 100 % de son groupe Rete Italia... C'est M. Jérôme Seydoux, toujours présent dans la cinquième chaîne, qui fonde Chargeurs Images, la branche hexagonale du Consortium européen de la télévision commerciale. Une société où non seulement on retrouve M. Berlusconi, mais aussi M. Robert Maxwell, le deuxième actionnaire de... TF1 [6] ! »

Les diffuseurs ont ainsi littéralement « quadrillé » la production, en ne travaillant qu'avec des sociétés qui leur sont liées. Quand on ajoute à cela les privilèges accordés à certaines sociétés pour des raisons d'amitiés politiques (comme la société « Les Producteurs », longtemps dirigée par un député RPR et « abonnée » d'Antenne 2), l'optimisme n'est guère de mise. Faute d'une vraie loi, l'univers de la production française s'est transformé en véritable jungle où règne la raison du plus fort : en toute impunité, les « gros« ont entrepris de tisser un réseau qui leur permettra de vivre en autarcie en se commandant à eux-mêmes les productions qu'ils diffuseront. Et le jour où Francis Bouygues, rentré dans ses fonds, décidera de revendre TF1, il sera non seulement propriétaire des murs qu'il aura construits lui-même à Boulogne, mais le passage obligé de toutes les productions par le biais de ses filiales intéressées au capital de la chaîne. Une belle opération !

... Tout comme est juteux le *sponsoring* ou parrainage.

6. Pierre-Angel GAY, *Le Monde*, 8 décembre 1987.

## Hors du *sponsoring* point de salut !

Les sondages pourraient nous donner quelques raisons d'espérer : 52 % des Français sont hostiles au *sponsoring* qui règne sur les jeux et quantité d'autres émissions, du petit matin à la nuit. Sans cette formule, Pascale Breugnot n'aurait en effet jamais pu lancer ses magazines de la soirée, ni « boucler » les budgets que TF1 lui avait imposés : au nom d'une terrible invention, les « budgets théoriquement admissibles[7] », elle a dû courir les « partenaires », qui ont très vite compris l'intérêt de telles propositions.

« Le *sponsoring*, explique Pascal Josèphe, permet une convergence d'intérêts entre la chaîne et les annonceurs. Pour la première, c'est la possibilité d'échapper au plafonnement des recettes publicitaires et à la limitation de diffusion du nombre de spots, pour les seconds c'est un moyen nouveau de communiquer et d'expliquer. Les chaînes attendent de ce marché, encore neuf, 7 à 8 % de leurs recettes publicitaires. Mais ce n'est pas un *business* simple parce qu'il faut trouver le mariage le plus heureux entre l'annonceur et l'émission. Certains n'en trouvent pas qui correspondent à l'image qu'ils veulent se donner. Quant à l'influence du *sponsoring* sur le contenu des programmes, je ne suis pas inquiet : ni l'annonceur ni le diffuseur n'ont intérêt à ce qu'une émission devienne celle d'un produit (c'est le commerçant qui parle !). De toute façon, nous ne savons pas encore très bien mesurer l'efficacité de cette méthode commerciale. Nous allons affiner nos mesures par des réunions de groupes de téléspectateurs et des sondages par téléphone »... Big Brother veille au grain !

Les mauvais esprits diront que le *sponsoring* existait bien avant la lettre, sous forme de publicité clandestine particulièrement pratiquée dans le domaine sportif. Mais aujourd'hui, c'est en échange d'un million de francs que « Sacrée soirée »

7. Système qui consiste à calculer l'amortissement d'une émission en fonction de son audience supposée.

organise un jeu Kodak ; et contre 300 000 F que « Sirocco » s'enregistre dans le décor des villages du Club Méditerranée... Quel chemin parcouru depuis 1985 et « l'affaire Orangina », qui appartient déjà à la préhistoire du *sponsoring* !

« Je voyais tout l'intérêt qu'il y avait à parvenir à un accord de coproduction avec des partenaires dont l'activité normale n'est pas la production audiovisuelle, écrit Hervé Bourges. C'était nouveau, cette voie n'avait jamais été explorée. C'était possible dans certaines limites puisque la Haute Autorité l'avait autorisé [8] ». Une autorisation tellement accordée du bout des lèvres que l'accord Orangina-TF1 ne tiendra pas deux mois. A la réticence des pouvoirs publics s'est ajoutée l'attitude envahissante du sponsor. « Les difficultés sont d'abord venues de notre partenaire, poursuit Hervé Bourges, lorsque j'ai dit à Jean-Claude Béton que seul le nom "Orangina" s'inscrirait au générique de "Cocoricocoboy". Il a essayé de tirer la couverture à lui en y incluant une animation des "coco girls" secouant de petites bouteilles parfaitement identifiables. Et puis, il aurait bien voulu qu'on aperçoive des bouteilles d'Orangina sur le bar du "Bébête Show". J'ai répondu que ce n'était pas possible [9]. » A l'époque, Orangina avait payé 6 millions de francs pour une période de trois mois d'émission.

Chacun sait que le *sponsoring* est une source importante de financement des émissions de la télévision commerciale. « Trouvez-moi un sponsor et je vous prends votre projet. » Mais il intervient aussi dans le service public sous le terme plus convivial de « parrainage ». « Ce mot même fait la différence avec les autres chaînes », précise Maurice Bruzek, engagé début 1988 par A2 pour prendre en charge le département Parrainage. Premières émissions sur la liste : « Apostophes » parrainée par les stylos Dupont (80 000 F par émission), « Champs Élysées » par l'hebdomadaire *Télé-loisirs* du groupe Bertelsman (500 000 F par émission).

8. Hervé BOURGES, *op. cit.*
9. Hervé BOURGES, *op. cit.*

Heureusement que le cahier des charges interdit le parrainage pour les émissions d'information car, cette fois, la pollution serait totale. Les chaînes commerciales et publiques ont pourtant trouvé la parade pour tourner ces interdits. Tout espace est bon à vendre... Il suffit de détacher du journal la chronique boursière ou la météo pour que, d'un coup de baguette magique, le statut d'information abandonne ces rubriques. Même si ceux qui les présentent restent d'authentiques journalistes et se revendiquent comme tels !

Lorsque A2 détacha la météo de son journal de 20 h pour créer un « espace à vendre », nous avons interrogé le directeur général : « Si un cyclone éclate quelque part dans le monde et fait de nombreuses victimes, vous le traitez où, dans la météo ou dans le journal ? Avec quel journaliste, celui de la météo ? » Le visage quelque peu contrarié, il répondit : « Un cyclone est un événement comme un autre et doit être traité comme tel dans le journal par le spécialiste météo qui est un journaliste comme un autre. » CQFD... en attendant, notre météo pourtant « détachée » cherche partenaire... désespérément.

Apparemment, les problèmes déontologiques paraissent d'un autre âge à ceux qui fonctionnent dans ce schéma nouveau. Denis Chegaray, le producteur de « Sirocco » ne voit aucun inconvénient à tourner sous le contrôle de son sponsor (le Club Méditerranée) un reportage indiquant comment le Club choisit ses sites d'implantation. Quand on sait les difficultés rencontrées par Serge Trigano en la matière, on peut être assuré que le journaliste ne sera pas envoyé dans les pays les plus « sensibles » : il sera libre dans les limites établies par son sponsor, libre par défaut comme nous y sommes souvent condamnés depuis quelques années. Car au fond, le *sponsoring* ne fait qu'officialiser une pratique déjà ancienne pour de nombreux producteurs ou simples journalistes : telle entreprise importante, qui veut faire connaître son dernier produit ou vanter les mérites d'une nouvelle usine à l'étranger, va « gentiment » proposer au journaliste de payer les billets d'avion à toute l'équipe de reportage « sans que cela implique un quelconque engagement de votre part » ! Un directeur de rédaction peu regardant et soucieux de boucler ses fins de mois signera l'ordre de mission du journaliste et le laissera partir pour « un vrai reportage ».

Même le secteur humanitaire n'échappe pas à ce mal sournois. Des reportages de « Résistances » ont été cofinancés par Reporters sans frontières, Architectes sans frontières ou Frères des hommes, tous pour la bonne cause. La pratique n'en est pas moins paradoxale : on fait payer des associations réputées non lucratives pour parler d'elles dans une émission de défense des droits de l'homme... Solidarité des pauvres ou publicité clandestine, il n'y a pas grande différence de nature.

Le *sponsoring* peut se cacher sous des formes encore plus hypocrites et, partant, plus dangereuses : l'échange de services. N'y avait-il pas un vrai danger à accepter, à la veille du deuxième tour des présidentielles, qu'un journaliste d'A2 et son équipe soient acheminés vers la Nouvelle-Calédonie par un avion de l'armée ? Le piège s'est refermé quelques jours plus tard, lors du massacre d'Ouvéa, quand le représentant de la chaîne se crut obligé de prendre fait et cause pour les militaires, dans une configuration d'événements plus que douteuse.

Laissons là ces perversions du partenariat. Une forme plus aboutie encore de la logique du profit commence à poindre...

## Le « prêt-à-consommer »

De la même manière que le marchand de volailles vous vend aujourd'hui du poulet prêt à cuire, les chaînes de télévision françaises commencent à vous proposer (sans vous le dire, bien sûr !) des émissions entièrement payées par les annonceurs contre des espaces publicitaires à moindre coût. Une forme de troc inventée aux États-Unis et plus connue sous le nom de *barter*. La grande majorité des annonceurs américains les plus puissants utilise cette technique commerciale avec les chaînes locales ou indépendantes qui manquent cruellement de programmes. La France cathodique, qui ne brille pas non plus par sa politique éditoriale et a toujours besoin de programmes pour tenir la concurrence, s'apprête à s'engouffrer dans le *barter*.

La première expérience remonte... au service public ! Quand Hervé Bourges décida de lancer « La Roue de la fortune »... sur une idée de l'agence de publicité Lintas, dont le client Unilever (fabricant de lessives) était prêt à financer toute l'émission en échange de tarifs préférentiels sur ses écrans publicitaires. L'opération se fit en contravention avec le cahier des charges de l'époque et tomba dans l'escarcelle de Francis Bouygues qui ne cracha pas dessus. C'est un autre lessivier, Procter and Gamble, qui a troqué avec TF1 publique deux *soap-operas* [10] : *Haine et Passion* et *C'est déjà demain*, deux séries importées bien évidemment des États-Unis ! Même si Pascal Josèphe, qui fit entrer le *barter* en France lorsqu'il était à TF1, jure ses grands dieux que la responsabilité éditoriale d'une chaîne est inaliénable, nous pouvons légitimement nous faire quelque souci ! A l'imagination, nos bétonneurs préfèrent le fric et sont prêts à vendre leur âme pour un peu de pub.

Les Français en ont assez. C'est clair. « Trop de pub tue la pub », disait Jacques Seguela avant d'accepter de TF1 la mission de changer son image, en faisant d'abord oublier son mauvais penchant pour la pub tous azimuts. « Les Français nous regardent mais ils ne nous aiment pas », reconnaît Dominique Cantien. Je veux qu'on nous aime... Si je continue à gérer ''Sacrée soirée'', Sabatier, Sébastien et Lahaye comme un aiguilleur d'émissions, je vais m'ennuyer. C'est pour cela que je suis ravie de l'arrivée de Seguela. Redorer le blason d'une chaîne qui marche mais qu'on n'aime pas, c'est intéressant. Avec lui et Ralph Parson, nous allons bosser pour

10. Ce terme générique pour désigner des séries à l'eau de rose vient justement de leur financement par les producteurs de lessive *(soap)*, méthode inaugurée par Procter and Gamble.

trouver de nouveaux slogans et créer des émissions haut de gamme, quitte à sacrifier une partie de notre audience. »

Vœu pieux dicté par la lecture des sondages alarmants pour les programmateurs et les annonceurs qui se demandent comment répartir une charge publicitaire devenue encombrante après un an de privatisation ? « Nous avons lancé une grosse étude comportementale de 300 interviews pour vérifier la véracité de ces sondages, explique Pascal Josèphe. Nous voulons savoir comment se comporte réellement le téléspectateur dans certains créneaux horaires. Nous avons besoin de bases scientifiques pour réguler nos investissements. Si on s'aperçoit que non seulement le téléspectateur *zappe*, mais que ceux qui ne *zappent* pas font autre chose, nous demanderons la révision des tarifs de nos écrans publicitaires »... *Business is business* !

## *Zapping follies*

Sept téléspectateurs sur dix appuient sur les boutons de leur télécommande dès que la publicité vient interrompre les films. Cette pratique a été inaugurée aux États-Unis où, dans les années soixante, le saupoudrage publicitaire était tellement actif que les téléspectateurs changeaient de chaînes (en anglais : *to zap*) en permanence. Véritable exocet anti-pub, le *zapping* est devenu, en France, un jeu très à la mode en même temps qu'un véritable casse-tête pour les publicitaires et les acheteurs d'espace. A tel point que certains responsables de chaînes concurrentes seraient prêts à pactiser pour programmer leurs spots publicitaires sur les mêmes plages horaires. D'autres étudient des jeux anti-*zapping* où les questions porteraient sur la publicité diffusée.

C'est donc un vent de panique que menace de faire lever la seule arme défensive d'un téléspectateur méprisé. Comme l'écrit Gilles Lipovetsky, « le zapping révèle la latitude extrême des individus face à l'invasion publicitaire... plus la publicité investit en argent et en créativité, moins elle est sûre de ses effets. Plus elle se répand sur nos écrans, plus on a de moyens d'y échapper. Plus son temps d'antenne croît, plus l'audience devient aléatoire. Telle est la condition paradoxale du fait publicitaire face à la montée du nomadisme vidéotique [11] ». Le publicitaire propose, le zappeur dispose, dit aussi Lipovetsky. Au-delà de la formule, cela signifie que le public a davantage à attendre de la raison des annonceurs que de la volonté des diffuseurs...

Et des journalistes, que peut attendre ce public malmené et solitaire ? Pour le savoir, tournez la page !

11. Gilles LIPOVETSKY, « Zappeur et sans reproche », *Le Point*, 21 mars 1988.

# II

# *La grande famille cathodique*

Chaque nouveau gouvernement, qu'il soit de droite ou de gauche, s'invente les mêmes incantations pour promettre l'indépendance de l'audiovisuel. Comme une ritournelle reviennent sur les lèvres de nos nouveaux élus les : « Finie la chasse aux sorcières » ou « On coupe le cordon ombilical », qui sonnent si faux aux oreilles de ceux qui ont appris à se méfier de l'air du temps. Pour avoir vu défiler des théories de directeurs et rédacteurs en chef, ils savent quelles arrière-pensées cachent les discours sur la liberté cathodique.

Pour avoir vu tomber la tête d'Elkabbach sur la place de la Bastille un soir de mai 1981 et Sérillon disparaître subitement de l'écran un matin de juillet 1987, ils ne se font plus grande illusion sur les sincérités trop affichées pour être vraies. Quand ils entendent « liberté de l'audiovisuel », ils traduisent normalisation. Alors, comme les oiseaux se cachent pour mourir, les journalistes baissent la tête pour ne pas prendre le balancier politique en pleine figure. Son amplitude fut telle en 1974 et en 1986 que les blessés se comptèrent par centaines. Il fallut des charrettes pour les transporter alors que 1981 se contenta de quelques ambulances.

« Ainsi va la télévision », disent les plus blasés, plus prompts à l'autocensure protectrice qu'à l'insolence dangereuse. Ennemis du risque, ils se muent peu à peu en serviteurs zélés du conformisme et... de quelques puissants qu'ils croient obliger. Au nom du « sauve qui peut », la famille cathodique, fragile dans sa nature et faible par ses ignorances, éclate et se déchire dans le refuge du chacun pour soi.

Elle perd son âme mais reste narcissique sous le regard amusé des politiques.

# 5

## Journalistes ou pions du pouvoir ?

« J'ai un profond respect pour l'information... Ce n'est pas en tenant les rédactions que l'on fait les élections... C'est le pluralisme et l'abondance qui feront la pertinence de l'information, ce n'est pas le contrôle. » François Léotard, ministre de la Culture et de la Communication prononça sans rire ces paroles définitives en janvier 1987 : à quelques jours des grandes manifestations étudiantes et des nominations des nouveaux PDG de chaînes par la CNCL ! Tandis que l'atmosphère était à la reprise en mains par le pouvoir chiraquien et à l'inquiétude du côté des journalistes, le ministre, décidément incorrigible, embouchait une nouvelle fois les trompettes du libéralisme.

FR3 héritait de René Han, entré à la radiodiffusion à l'âge de vingt-deux ans et membre du RPR. Radio France voyait revenir Roland Faure, chiraquien bon teint. Antenne 2 récupérait Claude Contamine, ancien directeur de cabinet d'Alain Peyrefitte, membre du RPR et « brontosaure » de l'ORTF. Radio France Outre-mer (RFO) accueillait Claude Michaud, RPR. Seule, Radio France Internationale (RFI) était « épargnée » par ce raz de marée en voyant débarquer le barriste Henri Tezenas du Montcel. Il fallait faire bonne figure, trop c'est trop ! D'entrée de jeu, la CNCL brisait toutes les illusions que l'on aurait pu nourrir sur son indépendance.

Aussitôt les nouveaux maîtres de la télévision s'empressaient de « faire le ménage » avec plus ou moins de bonheur immédiat selon les « résistances » locales.

## Le feuilleton des amis de Chirac

René Han partit avec un avantage ! Jeanine Langlois-Glandier (qui venait de retourner son tailleur au lendemain du 16 mars 1986) lui avait en effet préparé le terrain. Durant l'été 1986, huit directeurs régionaux sur douze changèrent, des postes clés étaient offerts à des hommes proches de la nouvelle majorité et plus précisément... du RPR. Puis vint le tour des chefs de bureaux régionaux d'information : 16 sur 21 durent abandonner leur poste parce que « trop à gauche » ou « trop indépendants ». On ne put faire le même reproche à leurs successeurs connus pour leurs sympathies majoritaires ou, pour certains, leur appartenance au... RPR !

### *Le nettoyage de FR3*

La forme la plus achevée de cette mise au pas restera dans les annales du petit écran, comme « l'affaire Sampiero Sanguinetti », à FR3 Corse. Dans une île politiquement sensible en raison des revendications indépendantistes et des luttes de clans, notre confrère avait su éviter les pièges et réussi à installer sa station dans la vie locale. « Corsica Sera », le journal régional du soir, était régulièrement suivi par 48 % de la population, dont une large majorité (58 %) estimait qu'il donnait une image fidèle de la réalité politique de l'île [1]. C'était trop beau !

Au début de 1987, Sampiero Sanguinetti reçut un ordre de mutation pour une autre région. Il « tombait » sous la pression conjuguée et constante de la droite et du centre gauche corses, soutenus notamment par le ministre de l'Intérieur Charles Pasqua, que le pluralisme ou la vérité sur certaines méthodes dérangeaient visiblement. Cette sanction politique provoqua une série de grèves et de manifestations sur l'île. Le

1. Enquête du Centre régional de documentation pédagogique et de l'INSEE, réalisée en janvier 1987.

24 février 1987, un rassemblement d'un millier de personnes défila en silence devant la préfecture d'Ajaccio sous l'unique slogan : « Pour la liberté de l'information. » Et 10 000 personnes signèrent une pétition pour le maintien de Sampiero Sanguinetti. Du jamais vu ! René Han ne céda pas pour autant et envoya le 2 mars Yves Rambaud (un nom de circonstance !) pour une mission impossible. Il fut impuissant à enrayer la machine infernale que ses mandataires avaient laissé s'emballer. Jusqu'en octobre, la station ira d'incidents en drames : le 21 avril, enlèvement du directeur de la station ; en juin, assassinat du docteur Lafay à la sortie des studios où il venait de participer à un débat ; 17 octobre, diffusion d'un reportage sur une conférence de presse de l'ex-FLNC aussitôt interdite de rediffusion par le préfet ; enfin, le 29 octobre, licenciement de trois journalistes et transfert à Marseille de la diffusion des programmes régionaux à destination de la Corse. « Il fallait mettre fin à une situation extrêmement violente et passionnée, ainsi qu'à la révolte permanente qu'entretenaient trois membres de la rédaction », expliquera René Han pour justifier sa décision stupéfiante.

Aussitôt, les syndicats (deux des journalistes visés étaient respectivement délégués SNJ et CGT) organisèrent la grève et réclamèrent l'arbitrage des prudhommes, qui leur donneront raison. Les trois journalistes seront réintégrés et René Han préférera mettre sous le boisseau sa décision de transfert sur le continent. Mais Sampiero Sanguinetti quittera FR3 et l'ordre régnera — provisoirement — en Corse.

On pourrait citer bien d'autres exemples de normalisation dans les régions, dont certains, comme à Lyon, sont cocasses. A côté de Michel Lemerle, rédacteur en chef, bon professionnel mais syndicaliste, on nomma un autre rédacteur en chef, Yves Joyeux, venu de Besançon. Pour camoufler la mise à l'écart du premier, on imagina une sorte de cohabitation : Yves Joyeux sera le rédacteur en chef du journal de 19h 15, et Michel Lemerle celui du « petit journal » de huit minutes à la mi-journée. Fier de sa trouvaille, le nouveau directeur parla de « sang neuf » et de « renouveau ». Les journalistes lui répondirent : « C'est un vidage politique pur et simple. »

Mais il fallut aussi nettoyer les « vitrines ». A Paris, Christian Bernadac succéda à Alain Manevy et Christian Dauriac. Très vite, il remercia Geneviève Guicheney, dont les sympathies supposées allaient trop à gauche, et la remplaça par Jacqueline Alexandre, devenue par la suite la star du sottisier que l'on sait !

A la fin de 1986, quelques jours à peine après l'arrivée du nouveau directeur, la couleur fut annoncée par « l'affaire "Taxi" », la plus voyante et la plus symbolique. Le 23 décembre, dopé par de bons sondages d'écoute et une reconnaissance unanime de ses qualités d'investigation, "Taxi" de Philippe Alfonsi cala brusquement. Motif officiel : « Il manque 16 millions de francs pour continuer. » René Han se démena pour expliquer qu'il ne fallait pas chercher ailleurs les raisons de cette suppression brutale, mais personne ne le crut. Un an plus tard, alors que d'autres têtes seront tombées, Philippe Alfonsi dira : « On se croirait dans la France de Pompidou. Comme si le camp des vainqueurs, celui des éternels vainqueurs — la droite — n'avait de cesse de nous faire taire. C'est tellement grotesque qu'on a l'impression qu'un journaliste qui fait son métier, c'est-à-dire qui exerce son esprit critique ou qui fait dans l'investigation, apparaît comme ne pouvant être que de gauche [2]. »

Ils n'ont rien appris, rien compris. Demandez à Jérôme Garcin ce qu'il en pense.... Inviter l'irrévérencieux Pierre Desproges dans son émission « Boîte aux lettres » représentait déjà un gros risque. Mais le laisser se moquer gaillardement de l'un des treize sages de la CNCL, académicien et employé du *Figaro-Magazine* de surcroît, devenait intolérable. En décembre 1986, la CNCL exigea la déprogrammation de l'émission, l'obtint, et FR3 la supprima définitivement des écrans.

2. Philippe ALFONSI au *Matin*, 18 décembre 1987.

*Antenne 2 : une rédaction brisée*

Ils n'ont rien appris, rien compris. Demandez ce qu'ils en pensent à Claude Sérillon, à Pierre-Henri Arnstam, à Marcel Trillat, à votre serviteur ainsi qu'aux rédacteurs en chef ou chefs de service de la rédaction d'A2 qui ont tous été remplacés. C'est ce que l'on appelle « le mouvement », « le renouveau », « le sang neuf », des mots qui reviennent sur les lèvres de tous les exécuteurs.

Pendant un an, Claude Sérillon resta l'alibi de nos nouveaux maîtres. « Voyez, disaient-ils à l'opposition soupçonneuse, chez nous il n'y a pas de chasse aux sorcières. » Lors d'une conférence de presse, on entendit même Élie Vannier, le nouveau directeur de la rédaction d'A2, supplier : « Laissez-nous Sérillon. » Trois mois plus tard, dans la moiteur de juillet et le désert d'une rédaction en vacances, il décidait son remplacement par Henri Sannier. Toujours au nom d'une formule « nouvelle et audacieuse »... que personne n'a vu venir ! *Exit* Sannier un an plus tard pour céder la place à Christine Ockrent, une professionnelle d'une autre pointure.

L'émoi fut plus grand dans la classe politique et chez nos confrères que dans la rédaction, vide et démobilisée. François d'Aubert, fervent barriste et membre du conseil d'administration d'A2, déclarait aussitôt : « Les cabinets présidentiels et ministériels ont des idées simplistes et passéistes sur ce que doit être l'information dans le service public. Ils vivent encore au rythme des années soixante où l'on croyait pouvoir tenir une chaîne avec une ligne téléphonique directe [3]. » Mais Claude Contamine n'est-il pas un homme des années soixante ? Il ne supportait pas plus « Sexy Folies » que « Les enfants du rock » ou l'indépendance de Claude Sérillon. Il se trouve que ce dernier ne plaisait pas non plus à Matignon. On dit même qu'il donnait de l'urticaire aux militants RPR et quelque allergie au Premier ministre. Claude Contamine se fit un plaisir de les

3. François D'AUBERT, député UDF de la Mayenne, à *L'Événement du jeudi*, juillet 1987.

soulager. Il pensait sans doute aller aussi vite en besogne que ses collègues René Han et Roland Faure, mais la rédaction d'A2 décida de lui résister.

Dès sa nomination par la CNCL, chacun sut qu'il venait pour « casser » la rédaction d'A2, réputée trop indépendante, voire insolente. A peine fut-il installé dans son bureau du septième étage, que les manifestations étudiantes de novembre et décembre 1986 donnèrent l'occasion du premier incident. Tandis que la presse saluait unanimement la qualité et l'impartialité du travail des journalistes de télévision, notre PDG pesta contre leur manque d'objectivité... à propos du comportement — contesté — des forces de l'ordre. Nous lui demandions aussitôt de venir s'expliquer devant la rédaction, ce qu'il refusa. Quelques jours plus tard, son « nouveau » responsable des programmes et de l'information, Jean-Marie Cavada, prétexta son absence de Paris pendant les événements pour ne rien dire sur le sujet qui gênât son PDG..

L'ère du soupçon commençait, en même temps que six mois de batailles. La première éclata fin décembre 1986, quand la commission d'enquête du Sénat, chargée de « faire toute la lumière » sur les manifestations, fit parvenir un questionnaire très détaillé aux présidents de chaîne : renseignements très précis sur les reportages, leur contenu, les conditions de fabrication, mais aussi renseignements sur les journalistes et les techniciens qui les avaient réalisés. Une véritable enquête policière. La Société des journalistes d'A2 publiait aussitôt un communiqué pour dénoncer cette atteinte à la liberté de l'information. Docile, notre PDG persista quant à lui à arracher quelques bribes de réponse à Pierre-Henri Arnstam, directeur de la rédaction pour quelques jours encore. Son refus sera net et catégorique. « En vingt ans de carrière, me dira-t-il, je n'ai encore jamais vu un questionnaire de ce genre. Mon idée est qu'ils veulent faire un fichier sur les journalistes. Qu'ils ne comptent pas sur moi. » Aucun journaliste n'ayant accepté de répondre à l'interrogatoire, nous avions gagné la première bataille.

Et le soupçon s'enfla quand Jean-Marie Cavada, à peine arrivé, s'empressa d'écarter Pierre-Henri Arnstam sans aucune raison professionnelle. Il n'avait rien à lui reprocher mais le remerciait quand même au nom d'un « changement » qui dissimulait mal la normalisation voulue par le PDG. Arrivé en Concorde de New York où il était correspondant pour Antenne 2, son successeur Jean-Claude Paris prit juste le temps d'être présenté à la rédaction (qu'il connaissait déjà) avant de démissionner. « Il a suffi d'un déjeuner avec le PDG. J'ai tout de suite compris ce qu'il attendait de moi, et je n'avais pas envie de le faire... », me dira-t-il avant de regagner New York. Le communiqué officiel invoquera des « raisons personnelles », mais la vérité reste que Jean-Claude Paris n'a pas voulu faire le ménage de Claude Contamine.

Deux mois durant, Paul Nahon géra « les affaires courantes » en attendant que Jean-Marie Cavada trouve celui qui accepte de se salir les mains. L'heureux élu débarqua en février 1987 : habillé d'un élégant costume prince de galles et discours consensuel aux lèvres, il s'appelait Élie Vannier. Pour Jean-Marie Cavada commença alors une lente agonie. Il s'isola, ne communiqua plus avec la rédaction, tout comme le PDG qui refusa obstinément le moindre dialogue avec le personnel ou ses représentants élus. Six mois plus tard, le poste de Jean-Marie Cavada sera supprimé.

Premier défi « géopolitique » d'Élie Vannier : le regroupement de tous les services au même étage du 22, avenue Montaigne... Anodine en apparence, la centralisation topographique des éditions (jusqu'alors réparties sur plusieurs étages) marquait la volonté de mieux contrôler l'exécution des ordres. Le mois suivant, une grève de protestation réclamait de réécrire le mot « indépendance » de l'information, effacé du projet de cahier des charges d'A2. Elle l'obtenait, mais, de soupçons en soupçons, la guerre commençait.

Ce fut le « oui » de la rédaction, contre l'avis de son directeur, à la question : « L'attribution de la Cinq à Hersant mérite-t-elle un commentaire politique ? » Ce fut le « non » de la rédaction à la venue de Philippe Gildas, sous une double casquette d'animateur et de présentateur d'un « nouveau » journal entre 19 h 30 et 20 h 30, conçu dans le seul but de se débarrasser plus aisément de Claude Sérillon. Ce furent aussi l'éviction de Bernard Langlois pour des propos trop crus à l'égard de certains ministres, la censure du portrait de Robert Hersant réalisé par Denise Bauer (et qui attend dans un tiroir depuis septembre 1987, on y reviendra) jusqu'à des reportages scandaleusement partisans sur le massacre d'Ouvéa, en mai 1988 : « Grâce à leur sang-froid, les gendarmes du GIGN ont réussi à éviter le massacre » !

Le directeur de la rédaction a parfaitement exécuté la tâche qui lui avait été confiée : centraliser, faire le ménage, recruter quelques assujettis, ne jamais retenir ceux qui auraient pu lui faire de l'ombre. En six mois, malgré deux votes de défiance, il a réussi à imposer sa loi et à briser l'une des rédactions les plus frondeuses de France, celle que ses adversaires qualifiaient de « bloc de granit ». Elle a perdu « l'esprit de famille » qui faisait sa force. Il faudra toute l'énergie des Carré, Wieder et Ockrent qui la connaissent bien et la respectent pour retrouver l'unité qu'on lui avait arrachée.

## *L'affaire Polac*

Ils n'ont rien appris, rien compris. Demandez à Michel Polac, tombé sous les feux croisés de Bouygues et de la CNCL, ce qu'il en pense. L'affaire commença ce jour de 1987 où neuf députés de la droite devenue majoritaire saisirent la CNCL pour protester contre le mauvais traitement que leur avait infligé « Droit de réponse ». Plutôt que de renvoyer les députés blessés à leurs pupitres, la CNCL s'empressa de prendre leur parti et demanda au PDG de TF1, qui n'en fit rien, de s'expliquer.

Le 8 septembre 1987, Francis Bouygues comparaissait devant la CNCL qui lui reprochait cette fois de ne pas diffuser assez de créations françaises et de se livrer à de la publicité clandestine dans certaines émissions. Le PDG de TF1 rétorqua en accusant la Commission de favoriser l'attribution de fréquences supplémentaires à la Cinq de Robert Hersant et Silvio Berlusconi. Le 12 septembre, Michel Polac reprenait ces accusations et évoquait avec l'avocat de Larsen-FM, Jean-Louis Bessis, la plainte pour « corruption passive » déposée contre des personnels de la CNCL. Pendant ce temps, Jean Plantu dessinait sur l'écran deux caricatures bien senties sur les relations de la Commission avec le pouvoir et Robert Hersant. C'en était trop ! Deux jours plus tard, Gabriel de Broglie envoyait une lettre au PDG de TF1 pour se plaindre d'un si mauvais traitement.

Le 17 septembre, Francis Bouygues se désolidarisait de son animateur-vedette et convenait que « la liberté d'expression a des limites... Samedi dernier, les limites ont été dépassées et je le déplore ». Le président de la CNCL réclama alors une mise au point sur l'antenne de TF1, après le journal télévisé du samedi 19 septembre. Elle ne vint pas et dans son émission du soir, Michel Polac n'y fit même pas allusion. Il se contenta d'annoncer : « Si M. de Broglie sollicite un droit de réponse et veut protester, c'est bien volontiers que je l'invite à mon émission. » Non seulement Michel Polac ne s'excusa pas, mais il consacra son émission au pont de l'île de Ré..., construit par Francis Bouygues ! L'occasion était trop belle de donner satisfaction à la CNCL. Quelques vérités sur le financement des partis politiques par la concession de grands travaux et une caricature de Wiaz faisant dire à Francis Bouygues qu'il dirigeait une « télé de m... », et l'affaire fut entendue.

Le 22 septembre, TF1 annonçait une procédure de licenciement contre Michel Polac. Celui que la majorité de mars 1986 avait érigé en symbole de la télé socialiste, celui dont elle s'était promis d'avoir la peau, tombait grâce à la complicité des censeurs de la CNCL. « Ils ont enfin trouvé l'occasion pour se débarrasser du gêneur audiovisuel numéro 1, écrira

Marc Paillet ; du temps de la Haute Autorité, déjà, certains de ceux que son émission égratignait ou démasquait, pour des raisons d'opinion ou d'intérêt, s'étaient acharnés à sa perte. Mais il s'était toujours trouvé au sein de l'institution une majorité pour le défendre ou le soutenir... La CNCL s'est retrouvée en première ligne pour son élimination qui n'est pas une péripétie subalterne[4]. »

L'affaire fit grand bruit, on le sait, et quelques malins en profitèrent même pour redorer leur blason en annonçant partout qu'ils étaient prêts à accueillir Michel Polac.

Élie Vannier l'appela par voie de presse : « Venez quand vous voulez. » Pendant que, pour la galerie, il jouait au bon Samaritain, derrière les murs d'Antenne 2 il s'opposait à la présence de Michel Polac dans les « Quatre vérités » de Gérard Morin : « On ne va tout de même pas faire de publicité à ce provocateur ! »... Quand le lendemain matin il vit que tous les journaux consacraient leurs titres à cette triste affaire, il accepta qu'on invite Polac au journal de 13 heures. Quelques jours plus tard, il le reçut dans son bureau directorial pour lui dire qu'il n'y avait pas de place sur Antenne 2 pour un homme de sa qualité...

Si bien parti sur sa lancée, Francis Bouygues peaufina sa normalisation en laissant partir 70 journalistes (le quart des effectifs) en octobre 1987, autorisés à faire valoir la « clause de cession ». Mais il devra affronter la société des journalistes quand elle refusera la mise en place d'une grille d'évaluation de la rédaction. Pensant que ce qui valait pour les cadres de la construction était bon pour les saltimbanques de la télévision, Francis Bouygues fit circuler un questionnaire sur les « qualités professionnelles », le « caractère », l'« état d'esprit », etc. Il voyait déjà les journalistes de TF1 promis au statut des « compagnons du minorange », une distinction maison qu'il accorde aux meilleurs de ses ouvriers.

« Sur ce point, nous avons été efficaces, explique Bruno

4. Marc PAILLET, ancien membre de la Haute Autorité, *Le Monde*, 12 octobre 1987.

Masure, nous les avons bluffés. Face à une société de journalistes composée à 85 % de défenseurs du service public et de farouches partisans du privé, ils ont hésité ! De toute façon, sur cette histoire de fiches, il y avait vraiment unanimité de la rédaction. Lors de notre rencontre avec Bouygues et Mougeotte, ils ont compris qu'ils se trouvaient face à un bloc. Je me souviens d'avoir dit à Bouygues : ''Écoutez, il y a une bonne ambiance. Si vous voulez semer la perturbation dans la rédaction, faites vos fiches...'' Ils ont calé, mais je ne me fais aucune illusion, ce n'est qu'un recul tactique. Ils appliquent ce système partout et TF1 n'y échappera pas... A part ça, ils nous flanquent une paix royale. Ils n'interviennent pas à mon niveau. Je ne dis pas que du côté de Cotta ça se passe de la même manière. Mais elle fait bien son boulot... elle filtre ! »

### *Radio France Outre-mer ou... Radio RPR ?*

Ils n'ont rien appris, rien compris. Demandez aux journalistes de RFO ce qu'ils en pensent... C'est sans doute sur cette chaîne de l'outre-mer que la normalisation a été la plus radicale et la plus primaire. Comme il ne faut jamais négliger les électeurs des DOM-TOM à la veille d'une élection, Jean-Claude Michaud, le « nouveau » PDG (membre du RPR) désigné par la CNCL, n'a pas ménagé sa peine pour verrouiller la chaîne. Classique dans la forme, la reprise en main fut exécutée à coups de licenciements ou de mutations des directeurs de station et des chefs de bureau d'information. Elle s'est achevée par une centralisation de l'information : les journaux ne se font plus sur place mais à Paris, les journalistes des DOM-TOM n'ont qu'à se contenter des informations locales. Pour faire bonne mesure, Bernard Pons, ministre des DOM-TOM, proposait dès l'automne 1986 la privatisation du deuxième canal de RFO (qui devait revenir au service public) pour mieux favoriser ses amis RPR et, singulièrement, Robert Hersant !

Quelques jours après les élections présidentielles, fragilisé par la défaite de son champion — une défaite qui, ironie du sort, avait tourné à la débâcle dans les DOM et les TOM ! —, le PDG essuyait un terrible tir de barrage des syndicats sous la forme d'une lettre ouverte. Ils l'accusaient d'avoir « dévoyé sa mission par son attitude partisane », rien de moins ! Réaction unanime mais tardive, le mal était fait. Sans pudeur, Jean-Claude Michaud s'est accroché à son siège comme on résiste à l'occupant.

Riche en rebondissements, le feuilleton des amis de Jacques Chirac l'emporte nettement sur celui des amis de François Mitterrand, cinq ans plus tôt.

## Le feuilleton des amis de Mitterrand

Place de la Bastille, 10 mai 1981. Sous l'orage qui claque, le « peuple de gauche » scande les noms de Mougeotte, Duhamel et Elkabbach pour réclamer leur tête. Oubliés Giscard, Peyrefitte et les autres. C'est un tir au mortier sur la vitrine de l'information audiovisuelle dont les visages les plus célèbres font tristement les frais. A peine élue, la gauche fait déjà des martyrs (dont certains joueront le rôle à merveille) et, du coup, offre à la nouvelle opposition une occasion rêvée de l'accuser de sectarisme et de chasse aux sorcières.

Mais la Bastille ne suffit pas, semble-t-il. Au congrès du Parti socialiste, à Valence, des voix s'élèvent pour demander l'épuration de l'audiovisuel. Certains ministres, grisés par la victoire, disjonctent véritablement à la tribune : « S'ils ont de l'honneur, les responsables actuels s'en iront parce qu'ils ne correspondent plus à la majorité du pays. » Gaston Defferre, ministre de l'Intérieur, s'en prend directement à Jean-Pierre Elkabbach le soir des élections législatives : « Vous avez de la chance d'être là, vous qui serviez en d'autres temps. » Georges Filliou, secrétaire d'État à la Communication, invite publiquement les rédactions de l'audiovisuel à se débarrasser de leurs responsables moribonds. « Prenez vos responsabilités », leur lance-t-il.

A Antenne 2, les journalistes ne tardent pas à entendre l'appel et nomment eux-mêmes leur directeur, Noël Copin. Finis les petits chefs et les patrons de droit divin, la révolution est en marche ! Ce beau rêve se brisera net sur l'intransigeance de Pierre Desgraupes, PDG désigné par le Premier ministre. Il remplace Noël Copin par François-Henri de Virieu, auquel la rédaction veut appliquer la règle du vote des deux tiers [5] : « Je vous préviens, dit-il. Votez si vous voulez, mais je ne tiendrai pas compte du résultat de votre vote. » La période Desgraupes commençait mal pour la rédaction... comme pour lui qui prenait à contre-pied les desiderata de l'Élysée. « La première fois que j'ai vu André Rousselet [6], raconte-t-il, il m'a annoncé que le président souhaitait que je prenne Guy Claisse à la place de Virieu. Ça m'a agacé, j'ai pris Virieu. » Cette farouche volonté d'indépendance, qui lui avait déjà coûté son fauteuil de directeur de l'information en 1972, constituera heureusement notre meilleur rempart contre les pressions.

Tandis que certains caciques du PS tirent allègrement sur nous, que la « droite » crie au scandale et titre dans *France-soir* : « France, ta télé fout le camp », nous commençons à nous libérer des carcans de la surveillance tous azimuts. Jean-Pierre Elkabbach part avec ses indemnités ; Louis Bériot, son rédacteur en chef, reste, mais ne fait plus grand-chose ; Patrick Lecocq et Daniel Bilalian cèdent leur place à Bernard Langlois et Philippe Labro pour le journal d'A2-midi ; Poivre d'Arvor garde le journal de 20 h. Malgré les cris et la fureur du dehors, ce n'est vraiment pas la terreur au-dedans, encore moins l'ouragan du changement façon 1974.

Le 20 septembre 1981, la Haute Autorité confirme Pierre Desgraupes à la direction d'A2. Théoriquement, télévision et radio de service public ne sont plus l'affaire du gouvernement.

5. La rédaction avait décidé de soumettre chaque nouveau directeur à un vote d'agrément. Il devait recueillir au moins deux tiers des suffrages pour obtenir la « confiance ».

6. André ROUSSELET, directeur de cabinet à l'Élysée de 1981 à 1983.

Seul le PDG décide. Bernard Langlois disparaît en même temps que Grace Kelly, la « reine Christine » arrive, Pierre Lescure remplace François-Henri de Virieu, Poivre d'Arvor est en colère et s'en va, Bernard Rapp le remplace, Claude Sérillon part tenter sa chance sur TF1... Bref, le calme s'installe, Antenne 2 apparaît à certains comme « une chaîne de l'opposition », à d'autres comme un foyer de « dangereux gauchistes ». Tout va bien !

Les choses se gâtent en juillet 1983 quand la Haute Autorité nomme Hervé Bourges à la direction de TF1. L'opposition crie encore au scandale sur le thème « Mauroy place ses copains ». Un an plus tard, avec Laurent Fabius, l'ère de l'interventionnisme oublié recommence. C'est le triste « Parlons France » sur TF1. « Son intention initiale, raconte Hervé Bourges, était d'intervenir régulièrement, tous les mois, dans le journal de 20 h. Je lui ai fait comprendre que le contenu du journal télévisé appartenait aux journalistes et que personne ne pouvait y intervenir sans y être au préalable invité. Or je ne pouvais lui garantir que les journalistes de la rédaction de TF1 l'inviteraient chaque mois [7]. » Seul Jean Lanzi accepta de se livrer à cet exercice, pendant un quart d'heure, laissant le Premier ministre commenter des questions d'actualité...

A la fin de 1983, le départ de Pierre Desgraupes sous le prétexte de l'âge ne trompe personne : « On vire le vieux parce qu'il n'est pas dans la ligne. » Et Matignon impose Jean-Claude Héberlé à la Haute Autorité, malgré les protestations de sa présidente, Michèle Cotta. « La Haute Autorité, écrit-elle, lui [Laurent Fabius] paraît utopique et inutile dès lors qu'à son sens l'État socialiste a tout à perdre d'un audiovisuel incontrôlé. Pourtant, lorsqu'il me rencontre, il est disposé à jouer le jeu... Nous parlons de choses et d'autres, de politique, du référendum. Ce n'est que vers la fin de cette conversation qu'il est question de Pierre Desgraupes.

« — Nous avons notre candidat, me dit Fabius. Je demande

7. Hervé BOURGES, *op. cit.*

glacée : — Qui "nous" ? — Le président et moi. C'est Jean-Claude Héberlé.

« Le temps de réfléchir me manque. Je réplique plus par manière de boutade que par provocation : — Manque de chance, ce n'est pas le mien.

« Les sourires se figent. C'est fini. Je n'aurai personnellement pas d'autre contact avec Laurent Fabius ; la Haute Autorité n'en aura plus d'officiels jusqu'en mars 1986 [8]. »

Avec l'étiquette Fabius collée au front, Jean-Claude Héberlé apparaît comme l'homme de Matignon. Il écarte Michel Thoulouze (« on » le lui a demandé), le remplace par Albert du Roy qui calme provisoirement les inquiétudes d'une rédaction qui lui fait une totale confiance. « Avec Albert, on est tranquille », se répète-t-on pour mieux se rassurer. En mars 1985, Jean-Claude Héberlé propose un nouvel organigramme que du Roy ne peut accepter. Il démissionne. Profitant de l'aubaine, l'opposition dénonce la mainmise du pouvoir sur l'information...

Le 11 octobre 1985, la Haute Autorité se venge du mauvais coup de Laurent Fabius en nommant Jean Drucker à la tête d'A2. C'est le coup de pied de l'âne avant une disparition certaine pour cause d'élection... et un nouvel épisode du feuilleton avec les amis de Jacques Chirac...

La vie de l'audiovisuel ne sera-t-elle jamais un long fleuve tranquille ?

8. Michèle COTTA, *Les Miroirs de Jupiter*, Fayard, Paris, 1987.

6

## La normalisation est-elle une fatalité ?

De 1959 à 1986, pas moins de six réformes ont prétendu couper le « cordon ombilical » entre le pouvoir politique et l'audiovisuel. Le divorce faillit bien avoir lieu en 1982, lorsque le gouvernement socialiste créa la Haute Autorité. Copiée sur le modèle britannique, cette instance avait pour première mission d'assurer l'indépendance des chaînes publiques. Mais elle ne put aller jusqu'au bout de ses intentions.

« La Haute Autorité, explique Pierre Salinger, malgré d'indéniables qualités, n'a pu empêcher les hommes politiques français de penser qu'ils doivent contrôler la télévision. Cet état d'esprit remonte au gaullisme. Je me souviens d'un déjeuner avec André Malraux, en 1962 à Washington. Il m'a dit : "Comment pouvez-vous diriger une démocratie avec une télévision libre ?" Cette pensée des hommes politiques de 1962, elle n'a pas changé en 1987, ils pensent toujours que la direction du pays passe par un certain contrôle de la télévision. Ils restent convaincus qu'une télévision entièrement libre les empêcherait de gouverner comme ils le désirent. En ce sens, le cas de la France est unique... »

Une opinion partagée par Pierre Desgraupes qui a éprouvé cet état d'esprit : « La différence entre le gaullisme et la IVe République, explique-t-il, c'est que le gaullisme a duré. Entre la Libération et 1958, où j'étais à la radio, j'ai connu de multiples changements. A l'époque, les strates, les couches idéologiques comme le MRP et la SFIO, se succédaient. Nous en profitions. En fait, nous étions plus libres parce que les types qui nous surveillaient changeaient à chaque gouvernement. Ils n'avaient pas le temps de connaître nos ficelles. »

De là à se demander si la France ne serait pas la démocratie la plus bête du monde... Nos confrères anglo-saxons sont trop courtois pour oser l'affirmer, mais ils se réfèrent toujours à la réflexion d'André Malraux. A un détail près : Pierre Salinger affirme qu'elle fut prononcée devant lui, Edward Behr dit qu'elle est apocryphe ! « Mais, précise-t-il, elle n'a jamais été comprise par les hommes politiques américains, ni par les Anglais... La notion de têtes qui tomberaient à la BBC ou à la télévision commerciale après une élection serait inimaginable chez nous. Suggérez-le à l'homme de la rue, à Londres, il vous regardera comme si vous étiez fou !

« Les Anglais ont en effet un rapport à leur télévision bien différent du vôtre. Ils savent faire la différence entre une télévision "orientée" et une télévision honnête, faite avec des hommes de tous les horizons politiques. » Les Français aussi, depuis 1981, se sont habitués à une plus grande liberté de ton de la part des journalistes. Ils reconnaissent le vrai du faux et savent distinguer ce qui est dit sous influence de ce qui ne l'est pas. Dans un sondage d'octobre 1987 [1], 68 % des Français estimaient que les journalistes ne sont pas indépendants ; en 1975, ils n'étaient que 48 % à partager cette opinion. Sans doute cette évolution paradoxale vient-elle du fait que la plus grande liberté des journalistes a également forgé l'esprit critique des téléspectateurs. « Les citoyens de notre pays ne sont pas naïfs, écrit Jean-François Kahn, ils constatent que chaque changement de majorité correspond à un chambardement total de la direction de nos radios et de nos télévisions. Ils en déduisent que le pouvoir politique n'a pas renoncé à imposer ses hommes dans les médias et que, par conséquent, l'information n'échappe pas au contrôle des lobbies partisans [2]. »

Travaillant désormais sous la haute surveillance de ceux qui

1. Sondage Sofres réalisé pour *La Croix* du 8 au 12 octobre 1987 sur un échantillon de 1 000 personnes.

2. Jean-François KAHN, *La Croix*, 17 novembre 1987.

nous regardent, nous ne pouvons qu'être plus vigilants à toutes les formes de pression. Le choc de 1981, après vingt-trois ans d'un gaullisme qui faisait de la télévision son « domaine réservé », a été salutaire pour tous. Malgré les vicissitudes d'une alternance encore mal acceptée par les politiques, il a enclenché un processus irréversible. La normalisation n'est donc plus une fatalité.

## Les obstacles à la fatalité

Dans une démocratie pluraliste, il est normal que des pressions s'exercent. Ce qui importe, c'est que le journaliste ait les moyens d'y résister. De ce point de vue, entre 1982 et 1986, nous avons pu faire notre métier en paix, sans que personne nous force la main. « Il y a eu un progrès formidable qui date d'une dizaine d'années, m'explique Anne Sinclair. Les journalistes de télévision sont devenus des journalistes comme les autres. On l'a bien vu en 1981 et 1986 dans la résistance aux coups de balai d'un côté ou de l'autre, et aux tentatives de majorités télévisuelles ressemblant aux majorités politiques. Aujourd'hui, les journalistes de télévision sont crédibles. » Cet état d'esprit qui nous fit franchir un pas décisif vers l'autonomie est partagé par la plupart de mes confrères.

Mais bien des progrès sont encore à faire puisque seulement 46 % des Français (contre 52 % en 1975) pensent que les journalistes relatent les faits comme ils se sont réellement passés. Toujours la même méfiance que viennent pourtant démentir ceux qui ont été mêlés de près à la campagne présidentielle de 1988.

Patricia Charnelet, présentatrice du journal d'A2-midi affirmait au *Monde* : « Quand le service politique propose à la conférence de rédaction de passer tel ou tel homme politique, plus personne ne soupçonne un coup fourré, ne redoute un enfant dans le dos[3]. » Quant à Bruno Masure, il confirme : « Pour

3. « La tranquillité des chaînes », *Le Monde*, 29 mars 1988.

l'instant, les histoires de pression n'arrivent pas jusqu'à moi. Il y a bien eu quelques agacements du côté des chiraquiens, mais ils ne nous sont jamais parvenus[4]. » Paul Amar, chef du service politique d'A2, l'un des rares commentateurs pugnaces à avoir échappé à la normalisation chiraquienne, raconte ainsi son interview du président Mitterrand, le 22 mars 1988, jour de sa déclaration de candidature : « J'ai eu une totale liberté. D'abord pour mes contacts avec l'Élysée, ensuite pour la manière de mener l'entretien. Je me trouvais en face d'un homme redoutable, même s'il était très ému. Moi-même, j'ai oublié mes questions... C'était en quelque sorte un coup de poker, mais c'est gagné... on ne reviendra plus en arrière. Rappelez-vous les interviews du général de Gaulle par Michel Droit, on a changé de siècle[5] ! »

Cette évolution n'a pas échappé au sociologue Roland Cayrol : « Aujourd'hui, à la télévision, il y a des gens qui posent de vraies questions aux hommes politiques. Ça a irrité François Mitterrand que Paul Amar lui parle sur ce ton le soir de sa déclaration de candidature. Ça l'a irrité, mais il s'y est plié et Paul Amar a eu raison d'agir ainsi. Au fond, il a posé les questions qu'il avait envie de poser et il a obtenu les réponses qu'il désirait. On n'est peut-être pas encore au niveau des Américains, mais on s'en rapproche beaucoup, en tout cas plus que ne le pensent ceux qui battent leur coulpe en disant : "Ah ! comme on est en retard !" Mon hypothèse, c'est qu'en prenant l'habitude de titiller les gens du pouvoir, les journalistes français vont aussi apprendre à le faire sur les sujets les plus importants. Mon espoir, c'est qu'en France, on arrive enfin à titiller là où ça fait mal. »

Mais il est vrai que nous sommes encore loin des Dan Rather ou Sam Donaldson américains dont l'impertinence n'a que faire des révérences aux hommes politiques. Dan Rather, aujourd'hui présentateur (*anchorman*) du grand journal de CBS,

---

4. *Le Monde*, 29 mars 1988, art. cit.
5. Paul AMAR au *Monde*, 6 avril 1988.

a construit toute sa carrière sur l'insolence. De la guerre du Vietnam à sa récente interview de George Bush, en passant par Richard Nixon qu'il traita de « tricheur », le numéro un des présentateurs américains n'a jamais fait dans la nuance.

Au début de 1988, il fit en direct une interview de George Bush, vice-président des États-Unis et candidat républicain à la présidence. Les huit minutes de l'échange entre les deux hommes furent tellement violentes qu'elles firent l'effet d'une bombe sur l'opinion publique américaine. Il s'agissait de l'*Irangate*, sur lequel Dan Rather revenait constamment. Jusqu'au moment où, excédé, Georges Bush lui lança : « Ce que vous faites n'est pas bien, Dan. Je suis ici parce que je veux dire pourquoi je souhaite devenir président.

— Répondez à mes questions ! » coupa Dan Rather.

Le dialogue s'envenima jusqu'à ce que le vice-président sorte de ses gonds : « Ce n'est pas juste de limiter toute ma carrière politique à cette affaire iranienne. Aimeriez-vous qu'à mon tour je vous juge sur un seul de vos actes ? Par exemple, sur le jour où vous avez quitté le studio par caprice [6] ? » Dan Rather ne trouva rien à répondre, et termina rapidement son interview sur un « Merci d'avoir été avec nous » peu assuré. Ce soir-là, Dan Rather perdit et Bush bénéficia en quelques minutes de l'image du « battant » qu'il n'avait jamais pu faire passer auparavant !

« Je n'ai pas eu beaucoup d'admiration pour Dan Rather ce soir-là, commente Roland Cayrol. Certes, c'est un devoir du journaliste que de relancer l'homme politique sur des questions embarrassantes s'il estime que la société se les pose. Dans toute cette phase là, Rather a eu raison. Ce qui m'a gêné, c'est le privilège qu'il s'est accordé de conclure, de faire comme si Bush ne voulait pas répondre. L'impertinence, c'est sain et nécessaire, à condition de ne pas en faire un spectacle pour

6. George BUSH fait référence au jour où, la finale de Flushing Meadows débordant de sept minutes sur le temps d'antenne de Dan RATHER, celui-ci quitta le plateau et refusa de présenter le journal.

soi-même au détriment de l'homme politique. Rather est allé un peu trop loin. »

En France, tant que les journalistes éprouveront une admiration permanente pour les acteurs du monde politique et de la communication, l'insolence ne franchira pas le petit écran. « Au fond, dit Roland Cayrol, il y a dans l'inconscient de chaque journaliste un rêve de pouvoir qui le fait frémir au moment où il le côtoie. Pourtant, un journaliste a plus de pouvoir qu'un ministre qu'il va interviewer, mais il ne le sait pas. Il se comporte trop comme quelqu'un qui dit : ''Mes respects, monsieur le ministre.'' » La montée des jeunes générations qui se font une idée plus exigeante de leur métier, plus professionnelle, jointe à la multiplication des chaînes, pourrait changer cet état d'esprit. Mais on n'en est pas encore là, comme le prouve le témoignage de Bruno Masure à propos de la Cinq.

Contacté par Robert Hersant au moment de la chasse aux vedettes, il comprit très vite les limites que le patron du *Figaro* fixait à l'insolence. « Nous avons eu un dialogue un peu curieux parce que, d'entrée de jeu, je lui ai dit : ''Expliquez-moi les raisons que j'aurais de choisir un mégalo du feuilleton ou un facho réactionnaire.''

« Il y eut trois secondes de silence, puis il m'a répondu : ''Soyez rassuré, je ne suis pas fou. Il n'est pas du tout dans mes intentions de faire Télé-*Figaro-Magazine*, je sais que l'on perdrait cinq millions de téléspectateurs aussitôt. Moi, ce que je veux, c'est un produit neutre.

« — Mais pourquoi moi ?

« — Parce que j'aime bien votre style, un peu persifleur, c'est ce qu'il nous faut. Pour moi, vous êtes engagé mais je m'en fous.''

« Puis nous avons beaucoup parlé de télé et de politique, jusqu'à ce que je me décide à lui poser la question de confiance, pour moi la plus déterminante : ''Qu'avez-vous pensé de la façon dont on a couvert les événements étudiants en décembre ?''

« Il m'a regardé et a laissé tomber : ''Je n'ai pas aimé.''

« J'ai aussitôt senti qu'il y aurait un problème et, finalement, j'ai renoncé. »

Sans doute Bruno Masure a-t-il été bien inspiré en adoptant une telle attitude ! Au moment de la grande échéance électorale des présidentielles, Robert Hersant a eu bien du mal à tenir ses promesses de neutralité. Il fallait « rendre la monnaie » à son généreux donateur... C'est ainsi que dans la couverture des meetings on entendit plus souvent Jacques Chirac que François Mitterrand, et que l'on donna un large écho aux dernières décisions du Premier ministre, oubliant qu'il était aussi candidat !

Jacques Chirac a perdu les présidentielles, et son parti les législatives. Robert Hersant s'est retrouvé en mauvaise posture, et l'information sur la Cinq a repris son rythme de croisière. Les journalistes font leur travail et « sortent » quelques « scoops ». Tout va... presque bien !

Qu'ils appartiennent au secteur public ou commercial, les journalistes ne seront jamais à l'abri des menaces. Pourtant, la concurrence devrait représenter une garantie nouvelle contre les politiques : « La seule limite aux pressions, explique Roland Cayrol, c'est la multiplication des chaînes. C'est dur d'agir en même temps de manière organisée et efficace sur six chaînes à la fois. Les îlots de résistance deviennent quand même plus forts... Le pluralisme, même interne à un système, c'est une bonne chose. »

Michèle Cotta déclarait au *Matin* avant qu'il ne disparaisse : « La privatisation ici, c'est non seulement plus de liberté, mais surtout une nouvelle liberté. C'est vrai en tout cas pour l'information : nous sommes enfin déconnectés du pouvoir politique. » L'écho est identique pour Anne Sinclair : « Même s'il ne faut pas nier la logique d'une société commerciale, son avantage, essentiel à mon avis, c'est qu'elle nous a déconnectés du pouvoir politique. A cela, il faut ajouter l'impression de continuité. C'est tout de même un sacré confort de savoir que l'on gardera le même PDG, quoi qu'il advienne après les présidentielles... vous ne pouvez pas en dire autant à A2 ! »

Juste analyse qui conforte l'idée selon laquelle le service public reste « politiquement » le plus entravé. Mais l'argument ne peut faire oublier la véritable astreinte des chaînes privées et des journalistes qui y collaborent : « On assiste moins à l'émancipation de la télévision qu'au déplacement de ses servitudes... La tutelle politique a été remplacée par une autre, le pouvoir économique [7]. » Souvenons-nous une fois encore du « Droit de réponse » consacré, entre autres, aux constructions de Francis Bouygues ! En fait, Michel Polac n'a pas survécu à la remise en cause du pont de l'île de Ré et à la critique de son financement. Il y a fort à parier que si d'autres s'étaient aventurés sur un terrain aussi « sensible » que celui-là, ils n'auraient pas non plus survécu très longtemps, quelle qu'ait été leur notoriété.

Pour les chaînes commerciales, l'information n'est plus un but en soi mais un produit de marketing visant à donner une « image » pendant que les programmes drainent la publicité. Échapper à la tutelle politique pour tomber dans une autre n'est évidemment pas la solution...

## Les dindons de la farce

Mais, au fond, y a-t-il vraiment changement de maître ? La relation entre le politique et l'économique est aujourd'hui si étroite que l'on assiste plutôt à un renforcement des dépendances de l'information. Du public au privé, la communication est complètement intégrée dans le système industrialo-financier et s'appuie sur un mode de financement central : la publicité. Nous en avons déjà mesuré les dégâts sur les programmes et la création. Dans une entreprise de plus en plus dépendante de la logique économique, le journaliste est fragilisé et, partant, l'information qu'il diffuse risque d'être brouillée.

---

7. Alain WOODROW, *Le Monde*, 23 mai 1987.

Quand, par exemple, M. Le Lay décide de ne pas dépenser pour l'information un centime de juin à septembre 1988 et de faire des économies en prévision de la « guerre » de la rentrée, il applique une logique économique, où l'information perd sa spécificité : elle fait partie d'un tout, participe aux coûts de production comme aux recettes, et ainsi, se banalise. L'information n'est plus qu'un relais de la stratégie des industriels, qui n'en ont rien à faire.

C'est au nom de cette logique-là que l'on envoie de moins en moins de journalistes en reportage dans le monde. Aux choses « vues », si riches en émotion et en singularité, on préfère la diffusion d'images « reçues » aux EVN [8] et re-commentées par un journaliste en cabine. Ces images, filmées le plus souvent par des agences américaines, standardisent l'information, véhiculent une vision du monde qui n'est pas forcément la nôtre et imposent au public l'interprétation *made in USA* des événements.

C'est au nom de cette logique-là que la Cinq pratique une véritable « parthénogénèse » de l'image qu'elle maquille en information : son « journal » du matin ne fait que reprendre des extraits de reportages déjà diffusés la veille, par deux fois, dans les éditions du soir.

C'est au nom de cette logique-là que la qualité de l'information tend à s'altérer faute d'une volonté d'investissement dans la recherche et l'enquête, jugées trop coûteuses pour une maigre rentabilité. Au travail en profondeur, on préférera le scoop spectaculaire ou vite fait, sans trop de dépenses, mais rentable en termes de notoriété. Rentabilité et recherche de la plus grande audience vont de pair et conduisent fatalement à une information aseptisée, à l'image des programmes du *prime time* qui répondent aux mêmes exigences. Cette évidence n'a pourtant pas empêché certains confrères (en général du privé !) de présenter l'obligation du plus grand nombre comme

---

8. *EVN* : Bourse internationale d'échange d'images à laquelle sont abonnés tous les grands réseaux.

la meilleure garantie du pluralisme... Une voix particulièrement qualifiée s'est élevée pour dénoncer cette situation, celle de Christine Ockrent : « Un système commercial court à sa perte s'il ne parvient pas à se forger une légitimité propre. Plus une télévision est puissante, plus elle se doit d'investir dans cette plus-value collective qu'est l'information. Une information qui soit une vraie ouverture au monde et non un spectacle chloroformé à mi-chemin entre les jeux et les variétés [9]. »

C'est au nom de cette logique-là que l'on achète à la société de production de Jean-Claude Bourret le journal de la mi-journée sur la Cinq. Un œil averti pourra y repérer la diffusion de publi-reportages transmis comme d'authentiques informations. Il n'y a pas de petits profits, devait également se dire Yves Mourousi, quand il osa présenter dans le journal de 13 h la collection de vêtements signés Johnny Hallyday et dont la promotion était assurée par sa propre femme !

Mais la logique économique ne s'arrête pas là... Imaginons que Francis Bouygues diversifie son activité de communication (il n'a pas caché ce désir) en créant un quotidien ou un hebdomadaire de télévision. De quelle indépendance jouira le journaliste d'un de ces organes de presse quand il s'agira de rédiger un article critique sur TF1 ? La vérité ne résiste pas aux intérêts croisés. Avons-nous déjà entendu sur Europe 1 la moindre critique à propos des ventes d'armes de la société Matra, dont le PDG, Jean-Luc Lagardère, est aussi le principal actionnaire de cette radio ?

Et que se passera-t-il demain, lorsque les opérateurs les plus puissants sur le marché mondial auront conquis la France ? Forts de leurs réseaux, ils imposeront leur loi, non seulement à leurs collaborateurs mais encore aux gouvernants. Dans ce qu'Alain Minc appelle le « média-monde », la démocratie a fort à perdre.

9. Christine OCKRENT au *Monde*, 9 mars 1988.

Soumis à de telles pressions, le journaliste voit sa marge d'autonomie se réduire comme peau de chagrin. Il sait qu'il doit s'inscrire dans la stratégie de l'entreprise sous peine de marginalisation... ou de remerciement. Qu'il ait ou non élevé la voix lorsque c'était encore possible, il se mure aujourd'hui dans le silence (parfois zélé) de peur de s'entendre dire : « Si tu n'es pas content, c'est la porte... il y en a des dizaines qui attendent pour prendre ta place... » Habilement entretenu par les patrons, le chantage au chômage est en effet le dernier piège économique prêt à se refermer sur n'importe quel journaliste, même le plus célèbre. Si la notoriété peut protéger contre les mauvais penchants de la politique, elle ne pèse pas lourd face aux impératifs financiers.

Évoquant « l'affaire Montand » sur TF1, Anne Sinclair en apporte la preuve. « C'était un samedi soir, nous étions en concurrence avec Drucker, il s'agissait de faire de l'audience, de le battre, c'était l'objectif de la chaîne. Dans ces conditions, Montand a eu un réflexe de business. Il s'est dit : après tout, cette chaîne va gagner de l'argent sur mon nom, je n'ai aucune raison de lui faire de cadeau. Je crois que s'il n'y avait pas eu de publicité pour couper l'émission, il n'aurait pas demandé d'argent. Quand il m'a dit : "J'ai l'intention de demander un cachet", ça ne m'a pas paru anormal. Je lui ai répondu : "Bon, règle tes affaires", et je ne me suis plus occupée de rien. C'était une affaire entre Montand et la direction de la chaîne. Je n'ai jamais été partie prenante à la négociation et on ne m'a jamais demandé mon avis. » Même si Anne Sinclair n'a pas voulu intervenir dans ces questions d'argent pour protéger sa fonction de journaliste, elle y était mêlée : dans la mesure où elle avait accepté de donner sa caution de journaliste politique (et avec elle Jean-Marie Colombani) pour travestir une émission de spectacle en entretien politique. Elle ne pouvait plus rien dire. Même si elle a modifié le titre de « Questions à domicile » en « Montand à domicile », « pour qu'il n'y ait pas de confusion », elle a laissé croire aux téléspectateurs qu'il s'agissait d'une authentique émission d'information, précédée d'une promotion sur le thème : « Regardez samedi soir, Montand vous dira si, oui ou non, il est candidat à la présidence de la République. »

« Nous, on ne l'a jamais vendue comme ça, proteste Anne Sinclair, c'est la presse qui a mené cette campagne. Moi, j'ai toujours dit : c'est une émission où vous entendrez Montand-citoyen et Montand-artiste. La presse a continué à tartiner sur la candidature. Quand on a vu que les choses prenaient ces proportions-là, on en a un peu joué dans l'émission. C'était normal, non ? » N'en déplaise à Anne Sinclair, elle a prêté son talent, sa notoriété et sa compétence à la couverture d'une opération douteuse, fondée une fois encore sur le double langage si cher à nos industriels de la communication.

Le journaliste version 1988 doit donc se battre sur deux fronts, la politique et les « puissances d'argent », pour protéger ou faire avancer le pluralisme et l'indépendance. Il n'y a donc pas eu « transfert des servitudes » mais cumul. Aujourd'hui plus que jamais s'impose la nécessité, pour la profession et le législateur, de mettre en place des instances indépendantes (à l'image de celles des États-Unis ou de la Grande-Bretagne) qui garantiront enfin le libre exercice de ce métier si nécessaire aux progrès de la démocratie.

## Les grands modèles

Tandis que la France créait sa Haute Autorité en 1982, la Grande-Bretagne possédait depuis trente ans déjà une autorité de contrôle. L'Independent Broadcasting Authority (1954) pour les chaînes commerciales, et le Board of Governors (1926) pour les chaînes non commerciales ont des pouvoirs très étendus. Ces deux institutions peuvent par exemple faire cesser les émissions d'une chaîne qui ne respecterait pas son cahier des charges : « C'est une menace réelle et efficace, explique Edward Behr. Quand une chaîne commerciale reçoit un avertissement de l'IBA, elle sait qu'au bout du tunnel il y a l'exclusion des enchères et la suppression du permis d'émettre pendant sept ans. »

Au nom de la protection des garanties du public, aucun propriétaire d'agence de publicité, aucun groupe tel que Bouygues ne peut prendre le contrôle d'une chaîne commerciale. « En Angleterre, précise Edward Behr, vous avez une somme de petits porteurs, cinq, six, dix... : des journaux, des industriels, des gens du spectacle, des producteurs indépendants, etc., dans un pourcentage qui exclut le contrôle. La loi l'interdit. »

Nommés par le gouvernement de Sa Majesté, le choix des membres de l'IBA et du Board of Governors ne résulte pas d'un « dosage politique » à la française. « Depuis que la BBC existe, ajoute Edward Behr, il n'y a jamais eu le moindre contentieux à ce sujet parce que aucun Premier ministre anglais n'a été assez bête pour remplir le Board of Governors de ses propres copains. Harold Wilson y a nommé des gens de droite, et Margaret Thatcher, des syndicalistes. L'intérêt pour le gouvernement, c'est d'avoir vraiment les meilleurs dans un domaine aussi indéfinissable que celui-là. A l'IBA par exemple, on trouve lord Hairward, un lointain parent de la famille royale mais aussi un des plus grands musicologues anglais. Il y a des gens du spectacle, d'anciens avocats, d'anciens hauts fonctionnaires. Même s'ils ont des préférences individuelles, aucun d'eux n'est politiquement marqué. Ils n'ont pas été choisis pour cela. Le critère, c'est leur compétence à juger d'une affaire qui n'est pas simple puisqu'elle concerne à la fois l'éducation, le spectacle, la culture, l'art, l'innovation... Les Anglais ont peut-être raté pas mal de choses dans la modernisation de leur pays, mais là, finalement, ils ont réussi quelque chose de bien. »

Jusqu'à présent, l'IBA remplit parfaitement sa fonction, malgré les attaques répétées de Margaret Thatcher et de son gouvernement. En avril 1988, au nom du respect de la bonne marche de la justice, le gouvernement britannique avait demandé à l'IBA de reporter la programmation d'un reportage sur les circonstances controversées de la mort de trois membres de l'IRA, abattus à Gibraltar par des soldats anglais. Lord Thomson of Mainfieth (président de l'IBA) refusa en invoquant le principe de la liberté de l'information : « L'équipe qui a réalisé le documentaire a effectué un travail normal de journaliste professionnel. » Avons-nous jamais entendu Gabriel de Broglie parler de la sorte au gouvernement français ? Cette indépendance déclencha les foudres du Premier ministre anglais et de son secrétaire au Foreign Office, qui pestèrent en vain contre « la fin de la liberté ». La plupart des éditorialistes londoniens se félicitèrent d'une telle décision et en profitèrent pour dénoncer « l'arrogance de l'exécutif et ses fréquentes tentatives de pression sur les médias ».

Quelques semaines plus tard, Margaret Thatcher leur donna une nouvelle occasion de tempêter en annonçant que son gouvernement étudiait une nouvelle réforme de l'audiovisuel, devant prendre effet au début des années quatre-vingt-dix. Elle prévoyait de créer deux nouvelles chaînes nationales privées qui s'ajouteraient aux quatre réseaux existants (deux publics, deux privés) et utiliseraient les fréquences sur lesquelles émettent aujourd'hui BBC 2 (publique) et Channel 4 (privée), faute d'un autre espace hertzien disponible. Les deux chaînes « minoritaires » (elles ne fidélisent chacune que 10 % de téléspectateurs) rejoindraient alors le satellite en août 1989 pour faire place nette aux nouvelles venues.

Derrière cette justification technique, se cache un projet très politique qui n'a pas échappé aux milieux audiovisuels britanniques. BBC 2 et Channel 4, qui ne se sont jamais battues pour l'audience contre BBC 1 et ITV, offrent des émissions qu'on ne trouve pas ailleurs : scientifiques, musicales, d'avant-garde ou destinées aux communautés ethniques. Bref, de vraies émissions de création et de proximité comme il n'en existe pas en France. Des émissions qui produisent aussi des films de jeunes réalisateurs, sans concessions pour le régime de Margaret Thatcher. En les obligeant à diffuser d'un satellite, elles perdront les trois quarts de leurs téléspectateurs, incapables de payer le matériel spécifique pour les recevoir (environ 5 000 F). Mais l'audiovisuel britannique sait ce que résistance veut dire, et le Premier ministre est en train de perdre cette bataille-là.

Cependant, un mauvais coup ne vient jamais seul ! Le 16 mai 1988, le gouvernement de Sa Très Gracieuse Majesté annonçait la création du Broadcasting Standards Council (BSC), organisme indépendant, chargé de surveiller les « niveaux » de sexe et de violence sur le petit écran ! Ce nouveau « chien de garde » de la morale est donc autorisé aujourd'hui à visionner toutes les œuvres étrangères « contestables » avant leur diffusion, sans toutefois pouvoir les interdire. Même si le ministre de l'Intérieur affirme que les productions britanniques ne sont pas soumises à cet examen préalable, il n'est pas exclu qu'à l'avenir elles en deviennent elles aussi les victimes. Toute la profession s'inquiète et suspecte quelques arrière-pensées. Ce nouveau Conseil se surajoute en effet au Board of Governors et à l'IBA, déjà chargés de veiller sur les quatre chaînes. Si la Dame de Fer a jugé nécessaire la création d'une instance supplémentaire, c'est qu'à l'évidence elle juge trop laxistes celles qui, depuis longtemps, apparaissent aux yeux de tous comme un modèle d'indépendance.

Compte tenu de telles habitudes démocratiques, nos confrères anglo-saxons ne peuvent être tendres à l'égard de la CNCL. « Vous serez forcés de vous débarrasser de la mentalité de contrôle politique, nous disait le journaliste américain Pierre Salinger en 1987, parce qu'on va se rendre compte que ce n'est plus possible de fonctionner comme ça. La crédibilité de votre CNCL auprès du public français, c'est zéro ! Même s'il y avait la main du gouvernement socialiste sur la Haute Autorité, elle demeurait plus crédible : Michèle Cotta a donné une plus grande image d'indépendance que Gabriel de Broglie. » Pierre Salinger est d'autant plus fondé à formuler cette critique que son pays, mère patrie du libéralisme, a su, dès 1934, se doter d'une puissante instance de réglementation et de contrôle de l'audiovisuel : la Federal Communication Commission (FCC). Ses cinq membres sont des hommes politiques, républicains et démocrates, très sourcilleux sur leur indépendance. Ils sont nommés par le président des États-Unis et confirmés par le Sénat pour un mandat de sept ans (trois ans de plus que celui du président). Ils sont donc à l'abri des alternances qui, aux États-Unis, s'accompagnent toujours du *spoil system* [10]. La durée est aussi une garantie d'indépendance puisqu'un président nouvellement élu ne change rien à la commission.

A la loi anti-trust qui interdit aux grands réseaux (CBS, NBC, ABC) de posséder plus de cinq stations en propre, la FCC ajoute la réglementation des rapports entre la tête de réseau et les stations affiliées. Pour susciter une production locale, elles sont tenues de s'approvisionner (du moins en partie) ailleurs que sur le réseau, au moment du *prime time.* C'est ce que l'on appelle le *prime time access rule.*

Organe d'arbitrage, de contrôle et de sanction, la FCC est respectée de tous sans qu'il vienne au gouvernement l'idée de s'en servir comme relais de pression sur la télévision. Même aux pires moments de la guerre du Vietnam, John Kennedy n'osa pas l'utiliser, mesurant le tort qu'un tel comportement lui aurait causé auprès de l'opinion publique.

Le gouvernement Chirac, lui, a eu moins de scrupules...

## La CNCL

Dès son retour aux affaires, en mars 1986, la droite liquida la Haute Autorité comme s'il s'agissait d'une pestiférée. Elle brisait ainsi une institution qui ne fonctionnait pas si mal mais qui était à ses yeux pervertie par ses origines de gauche. Certes, en quelques circonstances importantes (attribution de la

10. *Spoil system* : système des dépouilles. Il s'applique aux plus hauts représentants de l'administration à chaque changement de président américain.

Cinq, création de Canal Plus, nomination de Jean-Claude Héberlé à A2), elle n'avait su résister au pouvoir, comme on l'a vu. La faute était-elle si grave ? Comparée aux dérapages de la CNCL, ce ne fut qu'un péché véniel ! La droite se serait en tout cas épargné le désastre et la honte si elle n'avait pas tout cassé dans la précipitation et au nom d'un changement prétendument salvateur.

Pourquoi n'a-t-elle pas doté la Haute Autorité de moyens et de compétences plus larges, pourquoi ne lui a-t-elle pas accordé la durée indispensable aux arbitrages difficiles et toujours contestés ? « Personnellement, j'aurais préféré que l'expérience de la Haute Autorité pût être poursuivie... Je suis convaincu qu'elle aurait acquis progressivement l'indépendance et l'autorité du Conseil constitutionnel. D'ailleurs, les modalités de désignation de ses membres étaient calquées sur celles du Conseil constitutionnel. Je ne crois pas qu'il faille constamment bouleverser les institutions, surtout lorsque celles-ci exercent des fonctions qui requièrent une autorité morale [11]. » En disant cela, Raymond Barre savait sans doute qu'il fallut cent ans au Conseil d'État pour être accepté par tous, vingt-cinq ans au Conseil constitutionnel... Le gouvernement Chirac ignorait-il à ce point comment se forge une démocratie ?

Fille des œuvres contre nature de Tartuffe et de Judas, la CNCL donna dans la provocation dès sa naissance. Par souci d'équilibre ( !), la loi Léotard décida qu'un membre de l'Académie française siégerait parmi les sages. Le hasard ( !) désigna Michel Droit, amateur de safaris en Afrique, sympathisant de l'*apartheid* et accessoirement journaliste au *Figaro* de Robert Hersant, candidat déclaré à la reprise de la Cinq. Élu le premier de tous les membres de la Commission, « l'immortel » a donc représenté seul, pendant quelques jours, la nouvelle institution pour... « couper le cordon ombilical entre

11. Raymond BARRE dans *Questions de confiance*, entretiens avec Jean-Marie COLOMBANI, Gallimard, Paris, 1988.

la télévision et la politique »! Plus arrogant qu'aujourd'hui, le premier des treize sages déclara aussitôt : « J'ai des opinions, et ne les abdiquerai jamais. » Il ne laissait plus aucune illusion à ceux qui auraient pu croire à un *aggiornamento* des relations de la droite avec l'audiovisuel.

La CNCL commençait donc dans le soupçon. Il n'allait pas se dissiper avec l'annonce du mode de désignation choisi pour les trois représentants du Conseil d'État, de la Cour de cassation et de la Cour des comptes. « Une première mouture de la loi, écrit Pierre-Angel Gay, prévoyait leur élection par les assemblées générales de ces trois grands corps, à l'image de ce qui se fait pour la Commission nationale de l'informatique et des libertés (CNIL). Mais l'audiovisuel n'est pas l'informatique et le texte final de la loi sur la communication a restreint, ''au nom de la tradition'', le champ des hauts fonctionnaires électeurs à un noyau central, plus sûr politiquement mais si réduit qu'il a fini par être plus étroit que le corps des éligibles. Un cas rarissime en France, s'il n'est unique [12]. »

Ce monument d'hypocrisie révéla le nom de son architecte quand il s'agit de nommer les présidents des sociétés de radio et de télévision du service public : quatre RPR sur cinq... Une caricature partisane si grossière qu'elle fit dire à François d'Aubert, député UDF de la Mayenne : « Je suis inquiet pour le pluralisme à la télévision ; le choix des présidents de chaîne est maladroit et décrédibilise d'emblée la CNCL [13]. »

Plus cru, c'est son style, le commentaire de Pierre Desgraupes fut tout aussi catégorique : « Franchement, quelle nécessité y avait-il de changer les présidents de chaîne ? En plus, ils n'étaient pas tellement marqués politiquement : Drucker n'était pas Héberlé, c'était plutôt un homme de cabinet... J'entends dire et je lis dans la presse que la CNCL se sent attaquée, mais je comprends mal sa défense qui consiste à dire : ''Puisqu'on changeait le paysage audiovisuel, il fallait aussi

12. Pierre-Angel GAY, *Le Monde*, 12 février 1987.
13. François D'AUBERT, *Le Monde*, 23 décembre 1986.

changer les présidents.'' Ce n'est vraiment pas une évidence !... Il n'y a pas eu de transparence politique comme on était en droit de l'attendre. La CNCL n'a pas fait le moindre effort pour laisser croire qu'elle s'était basée sur des critères objectifs. Je n'ai rien contre Contamine ni contre Han, mais pourquoi les a-t-on choisis, eux ? Jamais la CNCL n'a dit : ''Voilà pourquoi nous voulons changer les présidents et voilà quels sont nos critères de choix.'' J'aurais dit la même chose s'il s'était agi d'autres types. »

Presque un an plus tard, ulcéré par divers actes de servilité de la CNCL, le président de la République choisissait *Le Point* pour lui porter un coup fatal : « L'intuition divinatoire qui a conduit la majorité des membres de la CNCL, dès le premier jour, à faire se rencontrer leurs votes sur les noms de nouveaux dirigeants qu'ils ne connaissaient pas la veille, ferait croire au miracle si le miracle hantait ces lieux. Sans cet étrange début, la CNCL aurait acquis une autorité après laquelle elle court encore. Dommage... [14]. » Tout ce qu'elle fit ou décida jusqu'à cette attaque en règle contribua en effet à saper davantage sa crédibilité :

— l'attribution gratuite de la Cinq à Robert Hersant ;

— l'attribution gratuite de M6 à la CLT et à la Lyonnaise des eaux... présidée par Jérôme Monod, ancien secrétaire général du RPR et ami intime de Jacques Chirac ;

— le choix de Francis Bouygues pour TF1 au détriment de Hachette, brusquement lâché quelques semaines plus tôt par son associé le groupe Havas... dont le président est un proche de Jacques Chirac. Un « lâchage » dicté par Matignon pour permettre à Robert Hersant de devancer son grand rival, Jean-Luc Lagardère, dans la course à l'empire médiatique [15].

On atteignit le sommet en septembre 1987, quand l'avocat d'une radio FM, Larsen FM, accusa la CNCL d'avoir annulé

14. François MITTERRAND au *Point*, 21 septembre 1987.

15. Robert HERSANT est aujourd'hui à la tête d'une chaîne nationale de TV, possède 38 % des quotidiens nationaux, 20 % des quotidiens régionaux et un réseau de 87 stations de radios FM.

son autorisation d'émettre au profit d'une autre radio fondée par un journaliste du *Figaro-Magazine*. Instruite par le juge Grellier, la plainte déboucha sur le coup de théâtre que l'on sait : l'inculpation de Michel Droit pour « forfaiture ». Au même moment, en Nouvelle-Calédonie, une radio proche du RPCR, Radio-Rythme bleu, installait sans l'accord de la CNCL un puissant réémetteur ainsi que trois radios affiliées. Exécutées en pleine campagne pour le référendum local sur l'avenir de la Nouvelle-Calédonie, ces irrégularités s'accomplirent sous la protection des parachutistes. Sans doute parce que Bernard Pons avait donné l'ordre d'enfreindre la loi, la CNCL ne dénonça ces exactions que neuf jours après les résultats du référendum signant la victoire du RPCR !

Devant tant de mauvaise foi accumulée, Catherine Tasca démissionna de la commission information de la CNCL et exprima publiquement sa colère et son indignation : « En n'adoptant pas de sanctions à l'égard de Radio-Rythme bleu, la CNCL a violé la loi. Cette station a étendu illégalement sa zone de diffusion avec l'aide, en la personne de M. Bernard Pons, d'un gouvernement théoriquement chargé de faire appliquer la loi. En ne s'y opposant pas, la CNCL a couvert ces irrégularités. Que ces dernières aient été commises à l'initiative des pouvoirs publics ne constitue pas une circonstance atténuante, mais aggravante... La CNCL a non seulement failli à sa mission mais elle a incité le gouvernement à aller plus loin. »

C'est à la suite de ces deux affaires que le président accorda son « interview exocet » à nos confrères du *Point*. La presse ne retint que cette phrase assassine : « La CNCL n'a rien fait jusqu'ici qui puisse inspirer ce sentiment qu'on appelle le respect. » Elle visait juste, en effet, et provoqua une sérieuse secousse sur le bateau des sages. Pour faire bonne figure et sauver ce qui leur restait d'apparence, ils publièrent un communiqué affirmant leur « parfaite indépendance », que Catherine Tasca et Bertrand Labrusse, les deux membres de la CNCL nommés par le président de la République, refusèrent de signer.

Accusant la commission de « décisions non pluralistes », ils furent suivis quelques jours plus tard par un troisième sage, Roger Bouzinac. Homme d'Hersant dans les organisations patronales de presse, défenseur acharné des lobbies de la presse régionale, éditorialiste droitier de *Nice-matin*, il trouvait là le moyen de s'amender et de retrouver une virginité perdue depuis longtemps. Aux trois dissidents de la CNCL s'ajoutèrent quelques voix de professionnels et de politiques connus comme celle de Simone Veil accusant la CNCL de ne « pas avoir pris suffisamment ses responsabilités ». A A2, nous étions un certain nombre à affirmer notre satisfaction de voir plongés dans un tel embarras ceux-là mêmes qui avaient participé à notre mise à l'écart !

Cela n'empêcha pourtant pas la CNCL de poursuivre ses tartufferies. Le lendemain même de la publication de l'interview de François Mitterrand, TF1 annonçait le licenciement de Michel Polac, affaire dans laquelle le rôle majeur joué par la Commission a été rappelé. Puis, en pleine campagne présidentielle, elle revint sur une interdiction d'utiliser les archives sonores, uniquement pour contenter l'équipe Chirac trop heureuse de pouvoir ainsi piocher dans les discours de François Mitterrand depuis le 10 mai 1981. Elle n'a jamais su sanctionner TF1 pour tous ses écarts au cahier des charges, elle a raté toutes les occasions de garantir le libre exercice de notre profession contre les attaques, d'où qu'elles viennent. Souvenons-nous de Charles Pasqua faisant saisir le reportage de TF1 sur la collusion entre la police et l'extrême droite, lors des événements étudiants de décembre 1986... Pauvres sages ! il fallait bien vous substituer une autorité honorable et indiscutable.

Qu'il s'appelle Conseil supérieur de l'audiovisuel ou Haut Conseil de la communication, tout le monde, au centre comme à gauche, était d'accord dès avant les présidentielles pour créer un nouvel organisme en remplacement de la CNCL. A l'exception des communistes, tous se sont ralliés au slogan du sénateur Cluzel : pas de septième réforme mais le consensus. La composition de l'Assemblée nationale au lendemain des législatives ne pouvait que confirmer cette tendance et satisfaire ceux qui attendent de l'alternance autre chose que chasse aux sorcières ou nouvelles stratifications. L'avenir dira si leurs espoirs étaient fondés...

# 7

# Censure, autocensure et manipulations

L'héritage est lourd et pèse encore sur les rédactions. La dépendance de la télévision au pouvoir, qui avait été formalisée et renforcée par le général de Gaulle, s'est perpétuée avec ses successeurs jusqu'à la loi de 1982, qui marqua la première grande rupture.

## Le long feuilleton de l'autocensure

Le premier témoignage sérieux sur l'autocensure à la télévision française remonte à 1962, sous la plume de Pierre Lazareff, directeur de *France-soir* et créateur de « Cinq colonnes à la une » : « La plupart des dirigeants de la RTF eurent pour première préoccupation d'éviter qu'on aborde un sujet brûlant qui peut faire l'objet de controverses. C'est ainsi qu'à notre grande surprise, nous nous aperçûmes en préparant notre première émission de "Cinq colonnes à la une" (janvier 1959) que la télévision n'avait jamais consacré jusque-là d'émission à la guerre d'Algérie qui se poursuivait depuis 1956 [1] ! » Depuis cette époque, que de non-dits sur nos petits écrans ! De la maladie du président Pompidou aux diamants de Valéry Giscard d'Estaing, des hésitations sur l'affaire Greenpeace aux silences sur le vrai-faux passeport de Chalier, l'autocensure n'est qu'un long feuilleton.

1. Pierre LAZAREFF, *Les Cahiers de la télévision*, décembre 1962.

Il est évident que tout directeur de rédaction nommé pour des raisons politiques prendra peur chaque fois qu'un événement risquera de mettre en cause ceux qui l'ont installé, ou leurs amis. Par l'intermédiaire de ses rédacteurs en chef ou de ses chefs de service, il « verrouillera ». Les journalistes en attente de promotion ou d'augmentation de salaire finiront par se taire, sauf vocation de Don Quichotte qui les mènerait droit au placard ! Ce système de dominos est si bien rodé qu'il fonctionne dans le privé comme dans le public. Car ceux qui dirigent aujourd'hui l'information sur les chaînes commerciales ne sont guère différents de ceux qui occupaient ces fonctions à l'époque du monopole. Et s'ils nous rabâchent : « Nous au moins, on sait qu'après les élections on aura toujours le même président », ils ne nous convainquent guère. La réponse sur ce point de Bruno Masure n'est pas seulement une boutade : « Le même PDG après les présidentielles ? Oui... mais peut-être pas le même directeur de l'information ! » C'est sur ce terreau que fleurit l'autocensure. Sous prétexte d'objectivité, combien de dossiers avons-nous laissés passer...

Affaire Greenpeace, journal de 13 heures d'Antenne 2. Marcel Trillat, alors chef du service Société, a obtenu des informations inédites sur la fameuse « troisième équipe » d'agents de la DGSE ayant participé à l'opération contre le *Rainbow Warrior*. Il pourrait garder le secret sur ses informateurs et simplement annoncer : « Oui, c'est du béton », ou « Attention, je ne suis pas sûr à 100 % ». Ce matin-là, Marcel Trillat opte honnêtement pour la seconde formule avant de nous lire son article. Le directeur adjoint de la rédaction lui demande alors d'introduire les conditionnels de rigueur. Lorsque Marcel Trillat lui rapporte son texte corrigé, il s'entend dire : « Tu comprends, Marcel, nous ne sommes pas le *Canard* ou *Le Monde*, nous ne pouvons pas nous permettre de sortir des infos dont nous ne sommes pas totalement sûrs, c'est trop grave... Je préfère ne pas prendre le risque... » Marcel Trillat renonça alors à son papier, avant de lire deux jours plus tard les mêmes informations dans *Le Monde.* Cette fois, elles pouvaient être livrées aux téléspectateurs : aux yeux de notre direction, elles avaient enfin trouvé leur légitimité !

Ce comportement des responsables hiérarchiques reste une pratique courante, parce qu'ils ont peur du risque mais aussi parce que les journaux télévisés se font prioritairement à partir des dépêches de l'AFP, des articles du *Monde* et de *Libération.* Journalistes du « 13 heures » ou du « 20 heures », nos idées de reportages ou de commentaires sur des sujets difficiles sont souvent empruntées aux grands quotidiens. A tel point que nos confrères de la rue des Italiens les ont répertoriés pour prouver, s'il le fallait, que nous sommes seulement capables de les singer !

Ce « suivisme » n'est que la conséquence logique de notre télévision au quotidien. Quand tel journaliste enquêtant au Bangladesh téléphone à sa rédaction pour l'informer d'une importante manifestation populaire organisée contre le régime, et explique qu'il serait intéressant de la suivre, un rédacteur en chef lui répond de Paris : « Attends, je n'ai rien vu dans les dépêches. » Le reporter est sur place, il voit, s'informe, sait, mais son rédacteur en chef préfère l'AFP ! Les témoignages en ce sens ne manquent pas...

En 1984, Hervé Brusini, l'un des meilleurs enquêteurs d'A2, couvrait la grande grève des camionneurs. Après dix jours de conflit, le leader du mouvement, Michel Vasseur, monte à Paris pour négocier tandis que les poids lourds encerclent la capitale. Hervé Brusini raconte : « Vasseur est parti pour Paris, cernée par les camions. Paris qui s'affole alors que nous, sur le lieu de naissance de l'événement depuis dix jours, nous connaissons les interlocuteurs, nous mesurons leur moral, leur degré de combativité et leurs revendications. Paris est encerclée et, au journal, ils sont paniqués. Ils se disent : "Nous sommes sous la gauche, les camionneurs à Paris, c'est le Chili." Ils voient tout de suite le blocage de l'économie du pays et, derrière, le syndrome Allende. Aussitôt, dans leur esprit, Saint-Jean-de-Maurienne et le mont Blanc, c'est fini. Pour eux, l'événement est à Paris, il est enfin là où il doit être.

Ce jour-là, pourtant, autour de la table des négociations, Vasseur obtient gain de cause. Il reprend l'avion et se pose à Genève. Il est 16 h 30. Je téléphone aussitôt à mon rédacteur en chef à qui je dis : ''Si je prête mon hélicoptère à Vasseur (nous en avions deux pour le tournage), tu auras en direct de Saint-de-Maurienne, dans ton journal, la fin du mouvement des chauffeurs routiers... Alors ?'' Réponse du rédacteur en chef : ''Non, tu comprends, on a déjà monté tout notre truc sur Paris. Christine va interviewer un chauffeur qui nous dira pourquoi ils cernent Paris... En plus, je pense qu'avec ta manip, tu vas forcer l'événement, et ce n'est pas possible. S'il ne trouve pas d'hélico, tant pis. Ce n'est pas à nous de le lui prêter...'' Vasseur est arrivé à Saint-Jean-de-Maurienne vers 20 h 30, il a obtenu la levée des barrages, nous l'avons filmé et nous ne l'avons passé en *off*[2] qu'à 23 heures ! Cette péripétie ne venait que s'ajouter à d'autres incidents. La veille, j'avais fait un portrait de Vasseur. Les routiers le surnommaient Walesa à cause de ses moustaches et parce qu'il venait de la base. J'ai envoyé mon sujet pour le ''20 heures'' et le rédacteur en chef l'a refusé en me disant : ''Tu n'as pas à dire que c'est Walesa.

« — Mais c'est eux qui le disent, lui ai-je répondu.

« — Non, tu qualifies le type, ici on ne pense pas que cette dénomination vienne du terrain, c'est toi qui es en train de la bâtir.''

« Là, je dois avouer que je ne comprenais plus ce qui arrivait : ''Mais pourquoi tu me demandes le portrait de ce type si, précisément, ce n'est pas un type important ?...''

« Nous avons eu un débat bizarre pendant tout un moment jusqu'à ce que je comprenne que, tout à coup, la télévision n'était plus en phase avec un événement institutionnel. Celui-là sortait des schémas traditionnels d'approche des mouvements sociaux. Ce qui se passait sur le terrain paumait littéralement Paris et les états-majors. Même si j'étais foncièrement

2. *Off* : technique de diffusion d'images sur la voix du présentateur.

écœuré en me disant : Décidément, le reporter ne pèse rien, Paris pense toujours avoir l'analyse juste ; alors que je vivais avec les mecs au jour le jour, parfois il faisait jusqu'à moins 20° dans la voiture de reportage, j'étais conscient de vivre quelque chose d'important. Saint-Jean-de-Maurienne s'était transformé en véritable laboratoire social qui posait plein de problèmes à la société française. Par exemple, la présence de nombreux immigrés chez les chauffeurs routiers a fait dire à certains responsables de la rédaction : ''Arrête de mettre des Arabes, ça va se retourner contre eux'', comme si j'avais été là pour provoquer le racisme !... Je crois que dans toute cette affaire, il y a eu à la fois une crainte politique et une espèce de désarroi face à une situation inédite et à un ''héros'' médiatique inattendu. Paris ne savait pas ce que ce Vasseur avait dans la tête ni à quelle fédération de chauffeurs il appartenait. Parce qu'il n'était pas identifiable, parce qu'il était un roulant inconnu, il a fait peur. »

## Le poids du conformisme

Quand le manque de confiance et la vraie peur politique se rejoignent, cela donne aussi, par exemple, l'absence de toute équipe de reportage d'Antenne 2 sur les lieux du sabotage du *Rainbow Warrior*, pendant cinq mois. L'attentat contre le navire de Greenpeace datait du 19 juillet 1985 et nous avons attendu novembre, le procès des faux époux Turenge, pour envoyer une équipe de tournage ! Entre-temps, nous récupérions les images des télévisions étrangères ou d'agences d'images privées...

A la peur et au manque de confiance s'ajoutent aussi l'incompétence, la bureaucratie et les contradictions internes, qui renforcent l'autocensure. Toutes ces raisons font dire à Hervé Brusini qu'il y a « une sorte de non-existence du journaliste de télévision en France, une non-existence de sa position... Dans l'affaire Abdallah par exemple, je n'ai jamais soutenu la thèse de la vendetta familiale. Pourtant, quelques mois plus tard, quand on a su que c'était le Hezbollah, la rédaction en chef m'est tombée dessus : ''Mais tu nous avais dit que c'était les Abdallah...'' Je ne l'avais pourtant jamais dit, c'était *Le Monde* qui l'avait écrit ! »

Si ce « suivisme » de la télévision tient à la frilosité de ses responsables, il relève aussi d'un héritage plus profond. Dans les années soixante, Georges Pompidou inventa « la voix de la France ». Même si chacun la récuse aujourd'hui, l'idée a fait son chemin dans les mentalités. A force d'entendre répéter : « Fais attention à ce que tu dis, ici tu es à la télévision, tu t'adresses à des millions de gens, tu dois les respecter... », le nouvel arrivant plein de fougue se fait très vite digérer par le système. S'il ne se coule pas dans le moule, c'est la porte, il le sait. Dans une profession où le chômage est important, on y regarde à deux fois avant de se lancer dans l'irrespect.

A moins de s'appeler Bernard Langlois ! Et quel mal y avait-il, dans un journal de 13 heures, à différencier l'importance respective des disparitions simultanées de Bachir Gemayel et de Grace Kelly. La mort d'un chef de guerre au Liban pouvait avoir des conséquences autrement plus graves que celle d'une « princesse d'opérette sur un rocher cossu ». Mais Bernard Langlois transgressait un tabou et relativisait une mort qui plongeait dans l'émotion le bon peuple de France. Il est tombé, et Pierre Desgraupes, ce jour-là, s'est posé en héritier de Georges Pompidou (que pourtant il n'a jamais aimé) et en défenseur de la « voix de la France ». Les Français aimaient Grace de Monaco et la télévision n'avait donc pas le droit de lui manquer de respect...

Était-ce un crime de lèse-neutralité que de dire, à l'occasion d'une manifestation du Front national à Marseille, que les deux blessés étaient « comme par hasard » un Antillais et un Maghrébin ? On me fit pourtant le reproche de n'avoir pas séparé le fait du commentaire, de n'avoir pas été objectif... Et Le Pen de me menacer d'un procès, qu'il abandonnera d'ailleurs bien vite.

Mais lorsque Ruth Elkrief, journaliste à TF1, s'est vu interdire l'entrée d'un meeting du Front national et traiter de « sale juive », l'a-t-on dit avant de diffuser le reportage sur cette manifestation ? Certes pas. Le présentateur préféra lire le communiqué des syndicats qui « dénonçaient les attaques racistes dont a été victime notre consœur... » La vérité et la morale politique y auraient pourtant gagné... A force de « respect » et d'« objectivité », le discours du journaliste devient aseptisé, tricoté de non-dits et de réserves pour ne choquer personne, et gare à celui qui sort du cadre normalisé.

Dans cette usine à conformisme où la règle est de « fermer sa gueule », l'air frais ne peut venir que de l'extérieur, d'éléments exogènes mais identifiés. Ils piègent le système, parfois à la demande de « ceux de l'intérieur » pour exprimer enfin ce que, eux, s'interdisent de dire. Pendant plus d'un an sur Canal Plus, quatre jeunes trublions ont joué ce rôle. Ils ont parlé de tout, tourné en dérision la banalité des journaux télévisés, parodié leurs présentateurs, brocardé l'actualité... et construit leur succès sur la caricature du conformisme de la télévision.

## Vive les reportages !

Il n'est pas un directeur de rédaction dont les premiers mots ne soient : « Je vais relancer les reportages. » Aucun bien sûr ne peut tenir son engagement, soit par manque de moyens, soit par défaut de politique rédactionnelle, soit par la conjugaison des deux.

Quand Jean-Marie Cavada, nommé directeur d'antenne en décembre 1986, s'est adressé pour la première fois à la rédaction d'A2, il nous a fait miroiter un véritable paradis du reportage, à coups d'hélicoptères, de motos HF, de moyens techniques nouveaux. Prenant pour exemple l'attentat manqué contre Alain Peyrefitte à Provins, il nous expliquait que s'il avait été là, il aurait donné un hélicoptère à l'équipe de reportage pour qu'elle couvre plus vite l'événement. Chacun riait sous cape... Un tel se souvenait qu'à l'heure de la signature en direct d'un important accord social, il avait dû téléphoner en catastrophe au planton du ministère du Travail pour joindre le caméraman parti sans radiotéléphone... Tel autre pensait qu'il avait vainement espéré une équipe de reportage alors qu'il faisait le pied de grue sur les lieux d'un fait divers important... Un troisième rongeait son frein : il venait d'apprendre qu'il ne partirait pas pour le Soudan, car ça coûtait trop cher... Et pendant ce temps Jean-Marie Cavada parlait d'hélicoptère pour aller à Provins ! « Encore un qui veut nous faire prendre des vessies pour des lanternes, me dit alors un confrère désabusé. Au premier dépassement du budget, il va se faire ramasser ! »

On entend souvent dire que les journalistes de télévision sont à la traîne de leurs homologues anglo-saxons. C'est bien sûr un peu vrai dans la mesure où ceux qui ont le goût de l'enquête et de l'investigation ne sont pas très nombreux. Mais c'est injuste aussi quand on sait le peu de moyens mis à la disposition de ces journalistes. Pendant qu'un enquêteur d'une télévision américaine pourra passer des semaines sur le terrain de ses investigations, celui d'A2 devra assurer le quotidien faute d'un personnel suffisant ! Voilà pourquoi la télévision française est souvent en retard d'un train. Le constat vaut autant pour les magazines que pour les journaux. Nous ne donnons pas aux journalistes le temps de l'immersion nécessaire à la collecte et à la vérification des informations. Conséquence : nous bâclons des sujets ou nous ne les traitons pas. C'est aussi de l'autocensure.

Quel océan nous sépare des États-Unis, où Pierre Salinger nous raconte comment il put travailler sur le dossier des otages américains : « Mon plus grand succès dans ce métier restera l'enquête que j'ai réalisée pendant un an sur les négociations secrètes entre le gouvernement américain et les Iraniens pour libérer les otages. Un an d'enquête sur trois ans de négociations. Pour la mener à bien, je me suis mis d'accord avec ceux qui suivaient cette histoire, ils me renseignaient jour après jour sans que pour autant je les passe à l'antenne. Quand on fait une enquête comme cela, il faut veiller à ne pas la publier trop tôt en raison d'éléments nouveaux qui peuvent changer complètement le cours des choses... Voilà pourquoi j'ai attendu le jour de la libération des otages... Vous savez, chez nous, l'*investigate reporting* fait partie de notre vie. Je le pratiquais lorsque j'étais jeune journaliste et je continue aujourd'hui. » Moins loin de nous, en Grande-Bretagne, une équipe de la BBC put travailler pendant des mois sur les Malouines pour un remarquable document critique qui troubla toute la société britannique au moment de sa diffusion.

Deux exceptions récentes viennent cependant confirmer la règle française : « L'affaire Barbie » de Daniel Leconte sur A2, en 1987 (mais ce confrère est « détaché » de la rédaction !), et « Sans domicile fixe », coproduit en 1988 par Canal Plus et Taxi Production, pour lequel Hervé Chabalier put disposer d'un budget d'un million de francs et de trois équipes de tournage pendant un mois. Comparé à « Résistances » ou à « Édition spéciale » dont les budgets avoisinent les 350 000 F, c'est Byzance ! Canal Plus a d'ailleurs compris l'intérêt de plus en plus vif que les téléspectateurs portent aux grands magazines d'investigation, en débloquant pour cela un budget de neuf millions de francs pour 1989.

Autrement dit, l'investigation est aujourd'hui un luxe. Elle suppose la richesse et la conception d'une politique éditoriale impliquant des choix que la télévision française ne veut plus faire. Publique ou commerciale, elle considère que l'information coûte trop cher par rapport à l'audience qu'elle draine. Elle ignore qu'une télévision s'identifie d'abord par l'information qu'elle produit, elle confisque le « droit à savoir » que peut exiger le téléspectateur. C'est, en somme, un immense retard démocratique. Des enquêtes rares et des reportages au compte-gouttes, voilà la réalité de nos rédactions malgré les discours de nos directions. C'est dans ce secteur que l'absence conjuguée de politique éditoriale et de moyens provoque le plus de dégâts.

Lorsque nous abordions cette question en réunion de

délégués du personnel, le directeur de la rédaction d'Antenne 2 se plaisait à me répéter : « Ne dis pas qu'il n'y a pas assez de reportages, nous avons cinquante équipes dehors tous les jours. » Quel aveu d'incompétence, et surtout quel gaspillage, alors qu'il refusait un reportage sur les problèmes que rencontrait le général Noriega au Panama au motif que c'était « trop cher et [que], de toute façon, les Américains couvrent déjà. » Nous pourrions multiplier les exemples de grands événements sur lesquels A2 n'est jamais allée ou, avec bien du retard : comme le soulèvement palestinien des territoires occupés commencé en décembre 1987 et couvert par « Résistances » en février 1988 !

A2 ou TF1, il y a en tout cas une sorte d'égalité devant l'impérialisme accepté des grandes sources d'information. Comme le souligne Dominique Wolton, « tous les médias, par l'intermédiaire des grandes agences, reçoivent en réalité les mêmes informations et sont dans une situation d'égalité désagréable. Ils passent donc une bonne partie de leur temps à s'épier mutuellement pour voir comment les uns et les autres, avec le même matériau, arrivent cependant à le traiter différemment. Ils se lisent mutuellement, s'écoutent, se regardent, et la manière dont finalement certains problèmes seront traités, à la hausse ou à la baisse, dépend parfois beucoup moins de leur importance objective que de leur place dans une sorte de géographie interne au monde de l'information [3]. » Les médias parlent aux médias, et tant pis pour les téléspectateurs, témoins impuissants d'une logique qui choisit ce qu'ils doivent ignorer.

Tandis que le monde continue à tourner sans nous (dans notre culture, le « fait information » est de faible importance), d'autres, outre-Manche et outre-Atlantique, se donnent les moyens d'une réelle politique de présence sur les événements. Quelques comparaisons suffiront à se faire une idée du fossé

3. Dominique WOLTON, in *Rapport pour le 68e Congrès de la Ligue des droits de l'homme*, « Les journalistes face à eux-mêmes », 1988.

qui nous sépare des télévisions américaines. Tandis qu'A2 ne possède que cinq bureaux à l'étranger (Londres, Rome, Bonn, New York et Washington), deux correspondants en province (Lyon et Marseille) depuis une date récente, trente équipes de reportage et deux cents journalistes, la chaîne américaine NBC compte mille personnes dans sa seule *News Division* et des bureaux dans dix-neuf pays. Absents de Tokyo, Moscou, Pékin, et de toute l'Amérique du Sud, nous sommes décidément une télévision régionale !

Aux Philippines, après le départ de Marcos en 1985, j'ai éprouvé cette puissance américaine. Arrivé avec une équipe légère pour assurer un reportage de dix minutes dans le journal de 13 heures, je découvris que le Manila Hotel était pratiquement investi par les trois grands *networks* américains. Chacun occupait un étage de ce luxueux établissement transformé en salles de montage, studios et salles de rédaction. Pour chaque chaîne, quatre-vingts personnes participaient à la confection des reportages envoyés de l'hôtel par satellite. Quant à nous, équipés d'un matériel qui ne correspondait pas aux normes du pays, nous devions attendre l'avion d'Air France pour expédier notre travail à Paris ! Le décalage sur l'événement est encore une forme d'autocensure.

Mais sa forme ultime et la plus sournoise tient au rythme toujours plus rapide de l'information télévisée, devenue un produit fragmentaire et superficiel. Le téléspectateur a l'illusion de savoir, de connaître, alors que cette « information » l'éloigne de la vraie connaissance.

## Faire court et positif

« Faire court et positif ! » : ce slogan des directeurs de rédaction et autres rédacteurs en chef ne date pas d'aujourd'hui. Né des progrès techniques dans l'acheminement de l'information et de la volonté maladive de simplification des journalistes, il est devenu la norme en 1986 avec l'ouverture du marché et la recherche permanente de l'audience qui l'accompagne. Pour garder le téléspectateur pendant les vingt-six minutes d'un journal télévisé de 20 heures, pour l'empêcher de *zapper* sur la concurrence, il faut, affirme-t-on, des sujets courts et vites enchaînés. Une pratique devenue règle, selon laquelle, à moins d'événement exceptionnel, aucun sujet du journal ne doit dépasser 1 minute 30. Que l'on suive encore cette pente, et dans quelques années il n'y aura plus de journaux télévisés sur les chaînes françaises généralistes, mais uniquement des flashes d'information immédiate.

« Il y a une transformation de la relation au temps, écrit Jacques Ellul. On supprime les délais et la durée (un événement qui dure n'est plus intéressant et chacun sait qu'à la télévision on vous explique, si vous avez « à parler », que cela ne peut pas durer plus d'1 minute 30, au-delà le téléspectateur ne suit pas). L'instant est, grâce à la télévision, parfaitement tyrannique... La télévision suspend le temps et ne me rend attentif à aucune réalité durable[4]. » Bientôt, comprendre le monde sera devenu un luxe que seuls les riches pourront se payer en s'abonnant au câble, à des chaînes spécialisées ou à péage où l'information aura un sens.

Première victime de cette frénésie du rythme, le téléspectateur : il confond tout, mélange tout, parce que l'on supprime les « valeurs » de l'information, c'est-à-dire la hiérarchie de ses implications dans le monde ou les enjeux qu'elle représente pour une société. Il va placer au même niveau la mort de Dalida et la famine en Éthiopie ! « On nous montre l'autre soir, en ouverture du journal télévisé, des images de famine, explique Christine Ockrent. Encore me direz-vous, encore des ventres ballonnés, des enfants qui vont mourir. Où ? Pourquoi ? Comment ? Au Soudan par la faute d'une guérilla nous dit-on. Qui ? Où ? Pas de carte, pas d'explication sur les racines d'une guerre civile entre ethnies, entre religions rivales. 1 minute 30, c'est mieux que rien, bien sûr ! La famine ? c'est

4. Jacques ELLUL, *Le Bluff technologique,* Hachette, Paris, 1988.

toujours la même chose. La dette du tiers monde, trop compliqué. Le déséquilibre démographique, trop abstrait et n'attendez pas trop de suivi dans l'information, ce dont on fait tintamarre aujourd'hui, on n'en parlera plus dans deux jours [5]. » Comment peut-on sérieusement faire croire à l'authenticité d'un sujet si l'on ne consacre même pas une minute à évoquer ses implications ? Cette démarche « demanderait aux téléspectateurs d'y réfléchir alors qu'on aurait déjà fini d'en parler, ce qui les empêcherait de suivre l'information suivante qui attend impatiemment son tour dans les coulisses [6] ».

Comme « trop de pubs tue la pub », trop d'informations tue l'information. Le journal télévisé n'est plus qu'un film du monde en accéléré. Pourtant, immédiatement après 1981, le journal d'A2 n'avait pas hésité à consacrer des séries de reportages de sept à huit minutes chacun à des sujets de société importants. De ce point de vue, l'initiative du journal de 13 heures, « Sept jours pour comprendre », une semaine de reportages consacrés au tiers monde, était exemplaire.

Aujourd'hui, quand vous revenez d'Haïti avec un reportage de 2 minutes 25 sur la localisation des déchets industriels, le journal de 20 heures vous coupe l'interview des défenseurs de la nature haïtiens expliquant ce qu'ils comptent faire pour protester, « parce que, tu comprends, sinon on n'avait pas la place de passer ton sujet ». Quand vous êtes la première télévision occidentale à pénétrer dans un camp de détention soviétique avec un reportage de 3 minutes 10 fondé sur des regards de prisonniers, le journal de 13 heures vous en coupe 30 secondes « parce que, tu comprends, sinon on n'avait pas la place de passer ton sujet ». Quand on véhicule l'image d'un monde qui ne prend pas le temps de souffler, on ne peut s'arrêter sur un témoignage ou un regard. Et c'est ainsi qu'à force de courir après le temps et de le précipiter, on exclut de la parole tous

5. Christine OCKRENT dans *Taxi*, 3 octobre 1986, FR3.
6. Neil POSTMAN, *Se distraire à en mourir,* Flammarion Paris, 1986.

ceux qui ne savent ou qui ne peuvent s'adapter à la parole. Ainsi, ce n'est pas un hasard si les journalistes de tous les « JT » invitent tous les mêmes interlocuteurs : ce sont ceux qui savent dire en 50 secondes ce qu'un autre ne pourra exprimer en 2 minutes ; peu importe le contenu, la seule clé, c'est l'adaptation. La parole est confisquée par les spécialistes du parler médiatique. Abusant de ce privilège exorbitant, ceux-ci ont transformé la télévision en une sorte de pré carré où grandit le conformisme protégé par les barrières du langage.

## La censure

La censure ne se distingue de l'autocensure que dans sa volonté délibérée d'occulter. La censure est une volonté en action qui vient le plus souvent de l'extérieur mais trouve à l'intérieur des relais pour aboutir. Nous l'appellerons la censure externe. Elle est aussi, à l'intérieur, l'intégration par une hiérarchie d'une volonté non dictée que nous appellerons censure interne.

### *La censure externe*

Déjà évoquée à propos de l'affaire Polac, elle trouve ses racines dans la mémoire de la télévision. « Il existait alors un Service de liaison interministériel pour l'information (SLI), raconte Marcel Trillat, qui était une véritable commission de censure. Pour le ‘‘Cinq colonnes'' du 1er mai 1967, j'avais fait avec Hubert Knapp un reportage sur la grande grève de Saint-Nazaire, l'ambiance dans la rue, la solidarité de la population et des commerçants avec les grévistes... A la projection, en présence des responsables de l'émission, du directeur de la chaîne Claude Contamine et d'un représentant du SLI, notre reportage fut vivement contesté par ce dernier. Malgré les objections de Pierre Desgraupes et celles de Pierre Lazareff (pourtant proche du pouvoir), Claude Contamine s'est fait tout petit devant la censure et nous a dit : ''C'est vrai, votre reportage n'est pas objectif puisque vous n'interrogez pas les patrons.'' Il n'est jamais passé, mais j'ai encore la copie[7] ! » C'est à force d'entendre des arguments comme cela que dans les rédactions est née cette boutade : « Le comble de l'objectivité ? cinq minutes pour les juifs, cinq minutes pour Hitler. »

L'objectivité, devenue slogan transnational quand un sujet est gênant, explique sans doute les difficultés à faire leur métier que rencontrèrent les correspondants étrangers au moment de la guerre des Malouines, en 1982. « Les Malouines sont un point noir dans l'histoire de la télévision britannique, explique Edward Behr. Les officiels, l'armée et le gouvernement ont pris beaucoup de précautions pour limiter le nombre de correspondants sur place. Ils ont parfois traficoté des bobines de films ; certaines sont revenues par bateau, donc trop tard pour montrer des choses qui auraient pu choquer l'opinion publique... Il y avait une sorte de double censure : l'une à bord des bateaux et sur terre, relativement intelligente, l'autre pratiquée par des petits fonctionnaires londoniens, désastreuse... Depuis, le contentieux entre Margaret Thatcher et les journalistes anglais est très lourd, au point qu'elle voit des journalistes de gauche à tous les étages de la BBC ! »

Fort heureusement, la France n'a pas connu de guerre durant ces dernières années, mais elle n'a pas échappé à la censure pour autant. A l'occasion de chaque « événement » sensible qui a secoué la société, les hommes politiques n'ont pu s'empêcher de céder à leurs vieux démons. Souvenons-nous des diamants de Giscard, qui obligea les directeurs de rédaction de l'audiovisuel à étouffer l'affaire ; plus tard de l'affaire Chaumet mettant en cause Albin Chalandon ; de l'affaire Greenpeace ; des manifestations étudiantes de novembre 1986.

Chaque camp de la classe politique a ses Pasqua et autres Peyrefitte, nostalgiques d'une époque où le pouvoir faisait la loi... Mais les temps ont changé. Il n'est plus aussi facile de

7. Marcel TRILLAT, *Projet*, n° 207, septembre-octobre 1987.

s'imposer aujourd'hui à des journalistes plus professionnels et moins « redevables ». Toutefois, pour contourner cette difficulté de taille, ceux qui n'ont toujours pas compris que la meilleure télévision est celle qu'on laisse tranquille se sont ingéniés à placer leurs hommes à des postes de responsabilité. Plus hypocrite, le système n'en est pas moins efficace !

## *La censure interne*

Autant parlera-t-on sur la place publique d'une censure bien voyante, commanditée par une personnalité politique ou une institution, autant la censure interne franchit-elle rarement les murs des rédactions. Le linge sale se lave en famille et tout est fait pour enterrer chaque incident dans un oubli apaisant.

Sans doute est-ce la raison pour laquelle la direction d'Antenne 2 riait au nez des délégués du personnel chaque fois qu'ils posaient la question de savoir à quelle date serait diffusé le portrait de Robert Hersant qui dort dans les tiroirs de la chaîne depuis septembre 1986. Alors qu'il s'agit d'une censure manifeste, personne ne veut plus savoir aujourd'hui pourquoi un beau jour de février 1987, MM. Contamine et Vannier décidèrent que, pour être diffusé, ce reportage devait être complété par un volet financier ou une invitation de Robert Hersant à réagir. On déprogramma donc le reportage, sans même en prévenir son auteur et, devant la presse tout de même alertée, le responsable des magazines ne trouva que des explications embarrassées : « Ce n'est pas une question de qualité ou de politique, dit-il, encore moins de censure, mais de programmation dans l'actualité. » Pour mieux faire passer le mensonge, il ajouta que ce portrait serait diffusé dans une « grande soirée spéciale » consacrée à la télévision en France que Jean-Marie Cavada prévoyait d'organiser en avril ou en septembre de la même année. Il n'y eut bien sûr jamais de soirée spéciale et le sujet de Denise Bauer attend toujours... Voilà sans doute aussi pourquoi les téléspectateurs n'ont jamais vu le reportage d'Olivier Lerner présentant des témoignages accablants pour des membres de la CNCL dans l'affaire des attributions de fréquence de la FM. Dans un cas comme dans l'autre, sous le masque de l'objectivité, se cachait le souci de ne pas se brouiller avec des amis politiques dont on était redevable.

Comme si cela ne suffisait pas, en juillet 1988, Claude Contamine crut bon d'en rajouter sur ce chapitre qu'il connaît bien. A l'occasion du magazine d'Alain Wieder, « Édition spéciale », consacré à l'empire des sectes, le PDG se soumit à leur chantage judiciaire organisé pour empêcher la diffusion de reportages qui mettaient en cause leurs méthodes et leurs réseaux. Sans même voir les sujets, le tribunal prononça une interdiction que le PDG exécuta contre toute logique du droit à l'information. Il choisit les sectes contre le travail de ses journalistes. Les invités de l'émission ne s'y trompèrent pas : ils quittèrent le studio en demandant au PDG d'A2 de venir s'expliquer sur ce qu'ils appelèrent « un cas de censure, une atteinte au droit d'informer et à la liberté de la presse, ainsi qu'une frustration pour le public ». Pour « rattraper » ce triste comportement, le directeur de la rédaction saisit la belle occasion qui lui était donnée de se désolidariser d'un PDG en sursis en protestant contre la décision des tribunaux et en venant présenter l'un des sujets dans le journal de 20 heures (les deux autres seront finalement diffusés quelques jours plus tard). Le présentateur d'« Édition spéciale », Claude Sérillon, trouva les mots qu'il fallait pour dénoncer la frilosité et l'hypocrisie d'A2 : « Je juge inadmissible le fait qu'une chaîne ne prenne pas le risque de diffuser ces reportages alors qu'ils sont tout à fait sérieux. Il était de notre devoir de les diffuser. C'est l'existence même de l'information qui est en cause. Ce soir, nous avons donné une piètre image de notre liberté d'informer. » Le même commentaire vaut pour cette décision ahurissante du PDG de RFO refusant la diffusion de « L'Heure de vérité » de Harlem Désir en Nouvelle-Calédonie avant le référendum du 13 septembre 1987. « Il ne fallait pas prendre de risque », dira-t-il pour se justifier...

Sans doute conduit par le même souci, le directeur de RFO-Nouvelle-Calédonie n'avait pas jugé bon d'envoyer une équipe de reportage sur la manifestation canaque d'août 1987, qui fut violemment dispersée par les CRS et qui choqua toute la France. Pour être informée, la métropole dut attendre les images d'un caméraman australien. A quinze jours d'un référendum truqué, Jacques Chirac et Bernard Pons auraient sans doute préféré le silence que leur promettait RFO.

On pourrait encore citer la subite déprogrammation par la Cinq de la série *Génération* des journalistes Hervé Hamon et Patrick Rotman : une décision unilatérale de Robert Hersant. S'agissait-il du fait du prince qui censure parce qu'il n'aime pas, ou d'un service rendu au ministre « libéral » Alain Madelin, qui ne souhaitait pas être vu aux côtés de ses amis néofascistes de l'époque ?

Le dernier visage de la censure, le plus détestable, ressemble à tous ces pays qui refusent la démocratie et nous empêchent de remplir notre rôle de témoins. Que faire ? Continuer à prendre des risques non pas pour la « gloriole », mais pour la liberté qui s'est toujours nourrie de la vérité quel qu'en soit le prix à payer. Il en va de notre responsabilité et nous devons l'assumer comme nos confrères colombiens, chiliens ou des pays de l'Est. Nous avons la chance de vivre dans une démocratie mais ce n'est pas une raison pour renoncer à notre vigilance. Quand elle censure ou manipule pour désinformer, nous devons le dire.

## Manipulation et désinformation

Durant les deux années de la « cohabitation », quel homme politique, de droite comme de gauche, n'a-t-il pas prononcé au moins une fois ces deux mots ? Du *Rainbow Warrior* aux otages du Liban, de l'affaire Chaumet au massacre d'Ouvéa, ils sont régulièrement revenus à la manière d'un balancier, penchant pour les uns ou les autres au gré des événements. A en croire certains hommes politiques, la France était devenue le pays de la désinformation. Les plus audacieux d'entre eux, tel le ministre de la Défense André Giraud, n'hésitèrent pas à solliciter des journalistes « honnêtes et objectifs » pour en finir avec ce mal : c'est ainsi que naquit l'« Observatoire de la désinformation » qui mourut en mai 1988, non pas de ridicule mais de défaite politique. L'économie connut ses trente glorieuses, la manipulation-désinformation aura désormais ses trois glorieuses, 1985-1988, riches en hauts faits qui n'honorent pas ceux qui les ont inspirés.

### *Le journaliste, support de la manipulation*

Pour manipuler l'information, pour désinformer, il faut bien sûr le relais des journalistes. Certains y consentent, d'autres se laissent prendre sans comprendre. Quant aux plus malins, ils « font avec », pour mieux exercer leur influence sur les rouages démocratiques. L'exemple le plus célèbre reste évidemment l'affaire du *Watergate*, révélée par deux journalistes du *Washington Post.* Ils savaient que leur informateur avait intérêt à mettre Nixon dans l'embarras et que, d'une certaine manière, il les manipulait. Ils ont tout de même fait leur travail d'enquête et, jour après jour, accumulé des preuves qui n'auraient servi à rien si le Congrès, la justice et le Sénat américains n'avaient pas pris le relais.

En France, les deux plus belles affaires de ces dernières années resteront Greenpeace et le Carrefour du développement, des scandales révélés par nos confrères du *Monde*, Bertrand Le Gendre, Georges Marion et Edwy Plenel. Eux aussi ont parfaitement conscience d'avoir été manipulés à un moment ou à un autre : « Notre papier (sur l'affaire Greenpeace) dans *Le Monde* fut un enjeu au sein du gouvernement, reconnaît Edwy Plenel. Fabius s'en est emparé comme d'une arme contre Hernu, nos révélations tombaient à pic, dans un autre contexte, elles n'auraient eu aucune conséquence[8]. »

8. Edwy PLENEL, au *Nouvel Observateur,* 28 octobre 1988.

Charles Hernu, principale victime (avec l'amiral Lacoste) de ce papier se défend : « Le principal piège à éviter pour les journalistes est bien sûr la manipulation. La presse, ayant la plupart du temps des informations fragmentaires, est dépendante de ses sources. Comme dans le cas du *Rainbow Warrior*, elle peut être victime d'informations qu'on veut bien lui donner, que des services secrets lui ''filent'' ou même que des services de pays étrangers lui donnent. Dans l'affaire du *Rainbow Warrior*, certains journalistes ont diffusé des informations que leur donnaient des gens qui pouvaient être intéressés à me déstabiliser ou à faire du mal aux armées, ou à couler des services ! Les papiers qu'on a pu lire dans ces journaux n'ont pas été repris par l'ensemble de la presse et des télévisions, sans doute parce que cette affaire touchait à l'armée, à la défense, et que cela met en jeu le sentiment profond de patriotisme chez les Français [9]. » Voilà pourquoi les journalistes de télévision ont été si frileux sur cette affaire : par patriotisme !

Sans doute est-ce pour la même raison que nous avons attendu trois mois avant d'autoriser Hervé Brusini à interviewer en juin 1986 son plongeur de la troisième équipe ! Avec amertume, il se souvient comment ses confrères d'A2 lui ont reproché à cette occasion de s'être laissé manipuler. « Ça m'a beaucoup marqué d'entendre dans les couloirs des confrères me dire : ''Alors t'es pour la droite, t'es pour Chirac, t'es pour Le Pen...'' Ça m'a fait mal ! Ils pourraient faire la pire des choses que je n'irais pas, moi, leur lancer : ''Alors gugusse, t'es pour un tel ?'' C'est terrible et inacceptable... Conclusion, quand tu sors des sentiers ou des autoroutes que sont les rapports directs avec Joxe, avec Pandraud ou avec le préfet Girard, quand par le moyen d'un ancien *top-model* tu entres en relation avec un plongeur de combat dont tu fais l'interview, on t'accuse de manipulation politique avec des commentaires du genre : Coïncidence ou pas ? en tout cas cet interview tombe à point nommé, la période est bonne. » Pourtant, à

9. Charles HERNU, au *Nouvel Observateur, ibid.*

aucun moment de cette affaire délicate, Hervé Brusini n'a ignoré les risques de manipulation, même s'il est convaincu aujourd'hui que son interlocuteur avait d'autres raisons de parler, beaucoup plus banales : « Ce qui m'intéressait, il le savait, c'était de donner enfin la parole à des gens qui en avaient pris effectivement plein la gueule. »

Mais quand on dresse le bilan des révélations sur les derniers grands scandales français, on s'aperçoit qu'il est bien maigre : « Greenpeace, le Carrefour, Chaumet… n'ont débouché sur rien, reconnaît Edwy Plenel. Parce qu'à l'inverse de ce qui se passe aux États-Unis, les institutions démocratiques ne prennent pas le relais. Sans le travail d'enquête publique des diverses commissions parlementaires, les scandales du *Watergate* ou de l'*Irangate* auraient fini comme ici, en eau de boudin [10]. »

Parce qu'il a révélé l'existence du « vrai-faux » passeport délivré à Yves Chalier par les services de Charles Pasqua, Edwy Plenel s'est fait traiter de « professionnel de la manipulation » par le ministre de l'Intérieur… Lequel est, de fait, un expert en la matière, si l'on en juge par la grande rafle de septembre 1987 dans les milieux indépendantistes du Pays basque. Une opération bidon organisée dans le seul souci de flatter les penchants sécuritaires de l'électorat RPR. « La veille de l'intervention, rappelle Hervé Brusini, un de mes confrères de la presse écrite est convoqué au ministère de l'Intérieur. Tout le monde est là, des deux ministres concernés au directeur des RG, en passant par le patron du Raid [11]. Il découvre qu'il est le seul journaliste et s'en étonne. "Si c'est une réunion administrative, je n'ai rien à faire ici", dit-il. On le rassure, on lui fait croire au scoop et, finalement, dans la nuit il descend en Pays basque. Pendant ce temps, le ministre de l'Intérieur communique à l'AFP trois photos de types de l'ETA qu'ils vont arrêter. On se dit : Tiens, ça a l'air de

10. Edwy PLENEL, au *Nouvel Observateur*, art. cit.
11. *Raid* : Recherche, assistance, intervention et dissuasion.

bouger en Pays basque, s'apprêteraient-ils à arrêter Philippe Bidart (le dirigeant en fuite du mouvement autonomiste Iparretarak) ? On passe quelques coups de fil à des confrères, qui nous répondent : ''Écoutez, on ne peut rien vous dire mais on prend l'avion, on descend tout de suite. Demain, il se passera des choses.'' On en conclut qu'ils vont arrêter Bidart, et Dominique Tierce part en Pays basque avec une équipe. »

Toutes les chaînes parleront de la « rafle » pendant vingt-quatre heures, jusqu'à ce que les journalistes s'aperçoivent qu'ils ont été le jouet d'une opération médiatique : Dominique Tierce et Hervé Brusini raconteront clairement dans les journaux comment les policiers sont allés chercher des hommes morts depuis trois ans ou arrêtés trois jours avant. Pour l'un de ses reportages, Dominique Tierce sera même convoquée au Palais de Justice où elle s'entendra dire : « Faites attention, parce que vous parlez beaucoup aux gens de l'ETA militaire... Dans quelque temps vous rigolerez peut-être moins... » Les magistrats voulaient lui faire peur. Ils se trompaient de cible.

Longtemps en tête du Top 50 de la manipulation, la rafle du Pays basque a été détrônée par le massacre d'Ouvéa, en mai 1988, sommet sanglant de la frénésie chiraquienne des présidentielles. Au cœur de la manipulation, une nouvelle fois, Dominique Tierce, accompagnée de Dominique Merlin, envoyés spéciaux en Nouvelle-Calédonie. Après plusieurs jours de présence permanente et de bons contacts avec le capitaine Legorjus, patron du GIGN, comme avec les Canaques, ils finissent par négocier leur présence dans l'hélicoptère censé récupérer le 3 mai l'un des otages. Les Canaques refusent simplement la présence de Dominique Tierce, l'entrée de la grotte sacrée étant interdite aux femmes. Le soir du 2 mai, un coup de téléphone de Paris annonce que l'opération est repoussée de 48 heures. Le 5 mai au petit matin, lorsqu'ils entendent un bruit d'hélicoptère, les Canaques pensent bien sûr qu'il s'agit de celui d'Antenne 2... La méprise sera tragique. Par recoupements, les envoyés spéciaux de la chaîne en arriveront vite à la conclusion que l'on a utilisé le nom d'Antenne 2 à des fins militaires. Ils protesteront, saisiront le PDG — lequel ne lèvera pas le petit doigt — et ne devront compter que sur les syndicats et la société des journalistes pour envoyer une demande d'explications au ministre de la Défense, qui restera sans réponse... Les révélations ultérieures de l'enquête sur le massacre laissent d'ailleurs penser que la manipulation « Antenne 2 » ne fut malheureusement pas la seule.

Mais le pouvoir n'a pas le monopole de ce genre d'exercice.

## *Le journaliste acteur de la manipulation-désinformation*

C'est encore la Nouvelle-Calédonie qui a donné prétexte à un *must* du genre!... Cela se passait dans le journal de 22 heures de France-Inter, le 25 août 1987, au lendemain du fameux tabassage des Canaques par les CRS. Ainsi s'exprimait le correspondant de RFO : « La manifestation indépendantiste de samedi soir sur la place des Cocotiers à Nouméa était savamment préparée. Tous les journalistes, et surtout ceux venus d'Australie, avaient été invités par le FLNKS pour filmer cette manifestation interdite, dont on savait à l'avance qu'elle entraînerait l'intervention des forces de l'ordre... Il n'y avait aucun CRS, contrairement à ce qui a été dit. Les forces de l'ordre étaient uniquement composées d'agents de la police urbaine avec, parmi eux, justement, de nombreux Mélanésiens. Des Mélanésiens qui ont chargé d'autres Mélanésiens, mais leurs matraques étaient toutes en caoutchouc : des matraques creuses qui, au lieu d'un grand choc, font beaucoup de bruit mais seulement quelques bleus... En fait, ici en Nouvelle-Calédonie, c'est toujours le calme. Aucune des manifestations sportives, nombreuses en ce moment, n'a dû être interrompue. Entre le choc des images diffusées en métropole et la réalité de ce que vivent les Calédoniens, à 20 000 kilomètres de là, il y a souvent plus qu'un océan d'incompréhension... » Sans commentaires...

La désinformation peut aussi être économique, par exemple l'idée de faire des reportages sur des « entreprises qui marchent » parce qu'« il y en a marre de toujours parler du chômage et de ce qui ne va pas » ! Ou encore ce reportage dans le Nord pour « La Marche du siècle », de Jean-Marie Cavada, présentant la région comme un foyer d'alcooliques et de désœuvrés : il fallait de l'émotion... Le Nord protesta si fort que Jean-Marie Cavada dut revenir dans la région avec son émission d'Europe 1 « De gaieté de cœur » pour s'amender.

Le fait divers n'est pas épargné par la méthode, surtout lorsqu'il s'agit de l'affaire Grégory, le *Dallas* français en grandeur nature. « Un journaliste de la région est correspondant d'une dizaine de médias sous des noms différents, explique Marcel Trillat ; à lui tout seul, il peut faire une campagne de presse. On a vu alors paraître des petits articles dans divers supports, habituant l'opinion à l'idée que Mme Villemin était la coupable en racontant des choses horribles sur son enfance. En échange de quelques ''bonnes'' informations les policiers ont ainsi entraîné le journaliste à jouer le jeu, à préparer l'opinion au coup de massue qu'ils ont donné quelques semaines plus tard : ''La mère est coupable.'' » Voilà une belle histoire de manipulateur-manipulé, symbolique de la fragile frontière qui sépare le journaliste de ses sources d'information.

Mais pour accéder à ces sources, souvent difficiles à faire parler, il faut être un interlocuteur reconnu, il faut faire partie de la famille, de la caste... C'est toute la question de la classe journalistique et des élites du pouvoir.

# 8

## Petite sociologie de la classe journalistique

Dans le club très fermé des élites du pouvoir, le journaliste est à la fois un acteur et un enjeu. Tout en maîtrisant un puissant outil de communication, passage obligé des groupes de pression, il a partie liée avec eux. Il est au centre d'un système qui a besoin de lui, mais dont les rouages multiples fragmentent son indépendance. Ainsi ne peut-il exister une « classe journalistique » mais « une série de microgroupes agrégés aux milieux dont ils traitent et dont par conséquent ils dépendent. Le journaliste est comme un pseudopode de l'organisme au rythme duquel il vit [1] ». Il n'appartient pas à une classe mais à une communauté. Somme d'individus plus que groupe à forte cohésion, elle est fragile et éclatée. Il ne faut pas chercher ailleurs les raisons de nos difficultés à mobiliser les journalistes pour défendre l'un des leurs ou protester contre des pressions. Les assemblées générales ne font le plein et l'unanimité que sur le thème de la défense des salaires…

Une rédaction juxtapose des strates qui communiquent mal et quelquefois se combattent parce que leurs intérêts divergent. A part « la défense de la profession », qu'est-ce qui réunit un journaliste sportif et un éditorialiste politique, un critique de théâtre et un journaliste scientifique ? Ils font le même métier, dans la même rédaction, mais souvent se méprisent. Le fait divers est moins « noble » que la culture, le sport est moins

1. Thierry PFISTER, « La communication et le pouvoir », *Revue politique et parlementaire*, n° 929, mai-juin 1987.

intellectuel que la politique. Sur ces antagonismes vieux comme le journalisme, se greffent les corporatismes.

« Chacun est solidaire du pouvoir de sa sphère, explique Roland Cayrol. Entre les hommes de pouvoir et les hommes d'information, existe une sorte de connivence d'origine sociale et éducative. Ils ont souvent fait les mêmes études, ils appartiennent aux mêmes milieux sociaux, ils vont voir les mêmes pièces de théâtre, mangent dans les mêmes restaurants et parlent le même français. C'est aussi une connivence d'intérêts. En politique par exemple, le journaliste a besoin de celui qui lui donne des informations confidentielles, de même que l'homme politique a besoin du journaliste pour faire parler de lui. Ils se servent la soupe. Cette connivence terrible est sans doute compréhensible mais elle pose un gros problème dans un pays comme le nôtre. A la télévision par exemple, le journaliste qui suit Chirac aime plutôt bien Chirac, de même pour Mitterrand... nous sommes dans un vrai cercle vicieux ! »

Avec la concurrence, est arrivée l'inégalité. Quelle solidarité, quel sentiment d'appartenance à une même communauté peut-il y avoir entre un présentateur payé soixante mille francs par mois et un rédacteur-reporteur à treize mille francs ? Ils sont pourtant dans la même rédaction et fabriquent le même journal. Cette coupure des rédactions en deux camps — qui vaut pour le service public [2] comme pour la télévision commerciale — creuse les clivages entre individus et précipite la décomposition d'une communauté déjà mal en point.

« Nous voici au cœur du paradoxe. Alors qu'il n'existe pas de classe journalistique, les journalistes, eux, sont divisés en classes : prolétaires, petits bourgeois et aristocrates de l'information. Comme on adhère au Rotary Club ou au Lions, signes emblématiques de l'appartenance à un groupe social, les journalistes se regroupent en associations : presse présidentielle, parlementaire, agricole, économique, automobile, etc. L'aristocratie préfère les clubs où se retrouve la fine fleur du

2. Depuis octobre 1986, l'échelle des salaires de la rédaction d'A2 va de 1 à 7.

journalisme et des décideurs. Le *nec plus ultra* pourrait être le Siècle, réservé aux stars définitivement reconnues comme appartenant aux élites. Désireux de s'intégrer aux élites (c'est leur seul point de consensus), les journalistes entrent dans un système de dépendance qui fonde leur fragilité, en même temps qu'il en fait le relais privilégié des castes dirigeantes. Le journaliste en est le narrateur et le chantre, quelquefois inspiré, souvent orienté et toujours structurant [3]. »

## Les castes et les mafias

« Les pressions ? Elles viennent bien plus souvent des journalistes que de l'extérieur. » Combien de fois n'avons-nous entendu cette réponse d'un rédacteur en chef embarrassé par nos questions sur les libertés des journalistes ! Sans doute forçait-il un peu le trait mais il ne se trompait pas. Mieux vaut se méfier des « sujets en or » que viennent proposer (dans notre jargon on dit « vendre ») des journalistes enthousiastes. Souvent, l'or cache un banal échange de services entre une entreprise commerciale et le journaliste, comme la présentation du dernier modèle de telle ou telle marque automobile contre le prêt gratuit d'une voiture pendant huit jours... Une peccadille à côté d'autres formes du « journalisme VRP ». Quand on participe aux films de propagande d'EDF, il est ainsi bien difficile de dire la vérité en cas d'accident nucléaire. Rappelons-nous Tchernobyl, quand nos chaînes ont beaucoup attendu avant de dire aux Français que le nuage était passé sur le pays : à l'instar d'EDF, les journalistes scientifiques s'archarnaient à le bouter hors de France tandis que, chaque soir, les télévisions suédoises et allemandes prouvaient le contraire.

Alors qu'ils croient faire partie d'un lobby, ces journalistes-là n'en sont que les serviteurs zélés : cette caste les éliminera

3. Lucien SFEZ, *Le Monde*, 13 octobre 1987.

à la première « trahison » dont ils sont toujours soupçonnables. Cette sanction plane sur eux comme une épée de Damoclès. Pour être plus performants sur toutes les affaires de police, de défense et de justice, beaucoup deviennent mi-flics, mi-journalistes. « Quand on décide de traiter ce genre de question, dit Hervé Brusini, il faut être très clairvoyant. Ou on essaie de faire son métier sans appartenir à la caste, et on sait que ce sera plus difficile, ou on accepte de faire partie du "club". C'est ainsi que l'appellent ceux qui s'occupent des affaires de terrorisme et de sécurité. Ils se réunissent entre juges, hommes politiques et journalistes avec les dossiers sur la table et... l'argent ! Car derrière tout cela, il y a des marchés considérables : livres, films et séries télévisées dont les juges vont être les héros. Dans ce secteur, l'information est tenue par cinq journalistes. Le noyau dur, c'est eux, et ça pose un vrai problème de démocratie. Peut-être le problème démocratique numéro un en France. On ne peut accepter que l'information dite sensible soit entre les mains d'un petit groupe lié à ceux qui la détiennent. »

Mais quand la caste poursuit des objectifs idéologiques précis, elle a un air de famille avec la mafia. C'est le cas de cette structure créée par un journaliste *free lance* et consultant de TF1 pour les questions de terrorisme, de police et de sécurité. « C'est une industrie à lui tout seul, poursuit Hervé Brusini. Il diffuse une lettre confidentielle, *Sentinelle*, que l'on achète à prix d'or. Il utilise des ordinateurs liés à ceux du Pentagone. Il fait des voyages aux États-Unis quatre à cinq fois par mois pour rencontrer les plus hauts responsables du Secrétariat d'État et de la Défense. Je sais que la secte Moon participe au financement de son entreprise, il n'a qu'un seul objectif : dégommer les rouges, traquer, chasser les communistes ! A une époque, il avait même le projet d'une deuxième lettre confidentielle qui devait s'appeler *La Ligne rouge.* Si par hasard, elle était mise sur pied, on y trouverait tous les faits et gestes des communistes français, ce qu'ils font, où ils sont, qui ils voient... Hallucinant ! Enfin, il doit bientôt sortir un bouquin sur les relais communistes en France des services secrets soviétiques. Il est à lui tout seul une véritable internationale des anticommunistes primaires... Eh bien ! ce type-là, il a ses entrées chez les flics bien sûr, et à TF1. Quand les gars d'Action directe ont été arrêtés à Vitry-aux-Loges, il était là. Il a suivi les flics partout, il a eu accès aux documents qu'il a photocopiés au tabac du coin et le soir, sur TF1, il a raconté l'événement comme un flic ! Nous, nous l'avons appris par l'AFP ; moralement, je préfère. »

Soif de puissance, de reconnaissance sociale, prisonnier d'un système plus fort que lui, le journaliste aura d'autant plus de difficulté à échapper au piège que ses connaissances et sa curiosité seront faibles. La sous-culture journalistique est le vecteur privilégié des pressions, mais aussi des modes, du conformisme et, en fin de compte, de l'idéologie dominante.

## La « sous-culture » journalistique

Le journalisme de télévision a les stars qu'il mérite ! Il y a celles qui dégagent « la compétence, l'intelligence et le charme » parce qu'elles emportent en vacances d'autres auteurs que Paul-Loup Sulitzer et se font tirer le portrait le *Herald Tribune* à la main. Il y a celles qui tutoient les grands de ce monde, et, au bas de l'échelle, celles que l'on tourne en dérision pour leur ignorance abyssale mais tranquille, célébrée chaque soir comme une litanie burlesque. « HENRI BATASUNA[4] » se retourne dans sa tombe et toute la France sourit.

De l'ignorance décriée à l'intelligence célébrée comme un culte, toute une catégorie sociale est malade de sa sous-culture. Alors que la télévision est devenue pour une majorité de Français le seul instrument de connaissance du monde et de leur

4. Rendant compte au journal télévisé des élections au Pays basque espagnol, cette journaliste assimila le mouvement nationaliste Herri Batasuna à un inconnu qu'elle appela Henri Batasuna !

environnement, ceux qui sont en charge de les éclairer pèchent par défaut de curiosité et démissionnent de leur responsabilité de vulgarisateurs. « La paresseuse routine, écrit Claude Julien, qui dissuade de s'affronter aux sciences ''dures'' rejoint ici la trop plaisante tentation de suivre la mode du jour... Elle ne peut que substituer la facilité à la rigueur intellectuelle, les passions à la raison et, ainsi, obscurcir les choix, détourner le débat [5]. »

Vingt-trois années de gaullisme ont causé de ce point de vue de considérables dégâts, dont nous commençons juste à nous remettre. Essentiellement fondé sur le copinage et les appartenances politiques, le recrutement des journalistes a trop longtemps préféré l'arbitraire à la compétence. En Angleterre, pendant la même période, on considérait la télévision comme une vraie profession, exigeant des qualités précises. En France, il suffisait d'être fils de résistant, cousin de député UDR ou héritier d'industriel proche du pouvoir, pour devenir journaliste à la télévision. Pendant toutes ces années, elle fut pour les familles bourgeoises et bien-pensantes le lieu idéal d'accueil de leurs rejetons turbulents ou incapables.

A peine entrés dans « la maison », ces journalistes par protection s'empressaient de pantoufler à un poste rémunérateur. Ils ne couraient pas grand risque dans un service public qui n'a jamais pris de sanction contre les incompétents. Et ainsi, en France (car cette situation est particulière à notre pays), s'est tranquillement développé un journalisme télévisé ennemi de la curiosité et de la réflexion, un journalisme de la facilité.

« Ce n'est pas en termes d'idéologie dominante que le problème se pose, nous explique Jean-Louis Missika, mais en termes de facilité d'accès à l'information. Il y a une prégnance de l'information officielle et institutionnelle parce qu'elle est plus facile à retenir. Il suffit de rester tranquillement dans son fauteuil en attendant les communiqués et les coups de téléphone des attachés de presse. C'est ainsi que de nombreux

5. Claude JULIEN, *Le Monde diplomatique*, juin 1987.

journalistes deviennent des porte-parole d'entreprises ou de ministères. Le seul moyen de résister aux pressions de ces gens, qui, après tout, font un métier légitime, c'est le savoir, la compétence qui justement posent problème aux journalistes de la télévision française. Dans leur travail de sélection de l'information, ils cèdent aussi à la facilité. Pour trois informations à sélectionner sur cent cinquante, ils vont aller en chercher quatre et laisser tomber le reste. Je ne parle pas de l'urgence qui prend souvent de court les journalistes parce qu'ils n'ont pas de background suffisant pour réagir. » Quelques décennies de recrutement arbitraire ont suffi pour en arriver à cette situation. Les strates se sont ajoutées pour former une sorte de citadelle du moins savoir qui n'a ouvert ses portes que sur la pression de l'extérieur.

Pendant longtemps, le diplôme fut perçu comme une tare dans un milieu où l'on cultive le mythe du self-made-man avec application. Les quelques talents et vrais autodidactes qui se sont développés à l'intérieur de la citadelle ne l'ont dû qu'à leur volonté ou à leur rencontre heureuse d'hommes comme Pierre Desgraupes ; dehors, des diplômés curieux et amoureux de ce métier faisaient le pied de grue, se lassaient et devenaient avocat ou haut fonctionnaire. « Quand on a fait notre bouquin [6], explique Hervé Brusini, on s'est posé le problème du recrutement. A l'époque, Michel Foucault nous parlait de la manière dont les jeunes, aux XIIe et XIIIe siècles, entraient dans un couvent. Pour devenir moines, ils devaient subir des tas d'épreuves d'initiation. C'est la même chose chez nous. Il faut d'abord se fondre dans cette sorte de commerce particulier entre les gens, se familiariser avec l'approche du travail, avec les comportements, et avec la terminologie courante du milieu. »

Pour ceux qui acceptent le code, les portes se sont entrouvertes ces dernières années, à force de martèlement. En dix

6. Hervé BRUSINI et Francis JAMES, *Voir la vérité, le journalisme de la télévision*, PUF, Paris, 1982.

ans, le sérieux a supplanté l'arbitraire. De plus en plus lié aux écoles de journalisme et à un niveau de formation supérieure, le recrutement contribue aujourd'hui à l'élévation générale du niveau de connaissance et de professionnalisme des journalistes [7]. Mais les vieilles strates subsistent, elles sont maintenant au sommet de la hiérarchie et freinent singulièrement toute tentative de réflexion sur notre profession : « Ce mécanisme, écrit Dominique Wolton, empêche la régulation par les meilleurs ou les plus exigeants et conduit à une sorte de cohabitation dont chacun finalement se satisfait tout en invoquant les grands risques du métier [8]. »

Pour rester dans la citadelle, la concurrence est forte, les meilleurs deviennent moins exigeants et laissent dire à de vieux caporalistes : « Un bon journaliste du service Société est un journaliste qui obéit. » Les meilleurs et les autres s'exécutent certes, mais n'ont plus de respect pour cette hiérarchie qui s'impose et impose ses modèles. Et c'est ainsi que la télévision devient le support privilégié du conformisme. « Tout ce qui est important n'est pas forcément visible, poursuit Dominique Wolton, mais comment l'admettre quand chaque jour, mille sujets les plus divers vous donnent le sentiment que tout émerge publiquement. Il faut une certaine culture et distance de soi à soi pour s'intéresser à des domaines non publics et bouleverser une hiérarchie de l'information déjà largement encombrée de tout ce qu'il y a à montrer. »

N'accordant d'importance qu'à ce qu'elle montre, la télévision gomme de sa réalité des pans entiers de notre société. Elle développe un manque à connaître considérable en même temps qu'elle reproduit les modèles culturels de ceux qui la font. Tout ce qu'ils ne voient pas est banni, tout ce qui dérange leurs certitudes est éliminé. Ainsi, de journaux en émissions, la télévision se répète-t-elle comme un film toujours

7. En 1985, 66 % des recrutés ont suivi des études supérieures ; 15 des études secondaires. *Source :* Commission de la carte d'identité des journalistes professionnels.

8. Dominique WOLTON, *op. cit.*

recommencé. Il est interprété par les mêmes acteurs, pétris d'arrogance. Péremptoires, ils jugent, condamnent et prophétisent sans se soucier des démentis que la réalité se charge de leur infliger. Le système est si bien verrouillé qu'il n'est pas près de changer.

Manquant de respect pour les responsables hiérarchiques, les jeunes ne veulent rien apprendre d'eux et refusent leur formation. Il n'y a pas cette transmission du savoir-faire, comme chez les Américains entre *junior* et *senior-editor.* Aussitôt intégrés à la rédaction, les jeunes acquièrent le réflexe de la citadelle. Non seulement ils supportent mal l'arrivée d'éléments exogènes, mais ils ne favorisent pas la mobilité à l'intérieur. Jeunes et anciens ne se respectent pas, pourtant, ils préfèrent rester entre eux. Ce réflexe d'autodéfense durera tant que le recrutement sera laissé à la discrétion des directeurs de rédaction, plus enclins à favoriser leurs amis qu'à chercher de vraies valeurs.

La transparence du recrutement devrait être la règle du service public, comme c'est le cas en Grande-Bretagne. « Prenons le cas de l'engagement d'un nouveau correspondant, dit Edward Behr. Que se passe-t-il en France ? Messieurs Bouygues et Hersant demandent à leurs directeurs de rédaction de leur présenter les gens qu'ils ont en vue, et ils choisissent. C'est le choix du prince. Il peut être très bon mais pas toujours. Que se passe-t-il en Angleterre ? Vous voyez la publicité dans le *Guardian* et vous envoyez votre CV à la BBC. Quelques semaines plus tard, vous êtes convoqué devant un comité exclusivement composé de professionnels de la chaîne et de deux ou trois personnalités extérieures, telles qu'un psychiatre, un médecin ou un professeur à Oxford. Pendant une demi-heure, vous répondez à leurs questions. Si vous franchissez cette barrière, vous êtes inscrit sur une liste et on vous appelle pour faire des tests. On va par exemple vérifier si vos connaissances en français ou en allemand sont aussi bonnes que dans votre CV. Un mois plus tard, l'heureux élu entre à la BBC. C'est beaucoup plus long, beaucoup plus bureaucratique que chez vous, mais c'est plus sûr... »

Et sans doute plus démocratique. Le recrutement discrétionnaire et secret renforce la fermeture de la société journalistique. Voilà comment depuis des décennies, la télévision française reproduit tranquillement le discours dominant et les stéréotypes de notre société.

# III

## *La télévision contre la démocratie ?*

Pourquoi les sociologues et autres spécialistes de la communication rencontrent-ils tant de difficultés à tomber d'accord sur le sens des relations entre médias et démocratie ? Pourquoi les uns diabolisent-ils les médias et en font la cause de tous nos maux démocratiques ; pourquoi les autres vantent-ils leurs vertus structurantes au profit de citoyens adultes ? Parce que, dans nos sociétés développées, les médias jouent à la fois le rôle d'acteurs et de relais de la vie démocratique. Médias et démocratie n'ont pas de vie autonome, ils ne peuvent plus se passer l'un de l'autre. Mariés par l'histoire sous le régime de la communauté, ils forment aujourd'hui un couple pour le meilleur et pour le pire. Ils sont faits pour s'entendre mais savent que tout peut arriver. Les mauvaises gens ne manquent pas, qui ne supportent plus de les voir ensemble. A nous citoyens journalistes et politiques de rester vigilants pour qu'ils ne divorcent pas.

Le premier grand apport des médias à la démocratie reste évidemment ce que les sociologues appellent « l'élargissement de l'espace public ». L'avènement de la télévision a facilité et élargi la diffusion du savoir, jusque-là réservé à une élite cultivée. En cassant la cloison qui séparait le monde du savoir de celui de l'ignorance, elle a permis l'émergence d'une opinion publique.

« Tout ce qui autrefois était privé, devient public, explique Alain Touraine. L'éducation, la sexualité, les rapports avec le tiers monde font aujourd'hui partie intégrante de la vie publique. Nous assistons à une formidable ouverture. La télévision est au même rang que l'école et la politique. Tout est jeté sur le forum. Tout le monde parle, tout le monde a accès à la vie publique. Après tant d'années de choses interdites et de non-dits, c'est bien que les gens s'en donnent une bonne indigestion. De la même manière que la presse a été l'écho du mouvement ouvrier, la télévision est devenue aujourd'hui le lieu politique le plus important, celui où sont posés les problèmes qui imposent des choix et que chacun de nous vit intensément... La télévision est devenue le seul élément de formation de l'opinion publique... » C'est précisément ce qu'on lui reproche !

En créant un paysage social et culturel nouveau, le tremblement de terre cathodique a produit des ondes de choc, des réactions en chaîne qui peuvent laisser craindre le pire si nous n'y prenons garde. Ainsi de l'opinion publique : le rôle exorbitant que lui assigne la télévision se développe au détriment des structures intermédiaires de la société dont le rôle est de faire vivre la démocratie. En monopolisant la parole, la télévision affaiblit syndicats, partis, associations, relais indispensables de la démocratie représentative. Ne parle-t-on pas aujourd'hui de crise du syndicalisme, de défaite des associations ? (Les seules à tirer leur épingle du jeu médiatique sont humanitaires et s'appellent Médecins du monde ou Médecins sans frontières.)

« Les effets d'un moyen de masse comme la télévision, explique Alain Touraine, dépendent presque totalement du relais par les "petits bouts", ce que les sociologues appellent le *two-steps flow*. Le parti communiste et les catholiques, par exemple, ont toujours utilisé la technique des petits groupes pour relayer les discours du secrétaire général, du pape ou des cardinaux. Le grand problème de notre société aujourd'hui, c'est qu'il n'y a plus de petits groupes pour assurer le relais de programmes ou d'espaces nouveaux. Nous sommes atteints de déstructuration politique et intellectuelle. Notre société qui était trop intégratrice ne l'est plus assez. Nous sommes dans une phase d'extrême décomposition des modèles politiques et idéologiques, tout à fait exceptionnelle dans le monde occidental. Compte tenu de ces données, la question est de savoir si la télévision peut devenir un élément de structuration. Ma réponse est oui, à condition qu'elle résiste au spectacle et qu'elle place le public devant des choix. Sa formidable demande ne s'adresse ni aux partis, ni aux syndicats, ni à l'Église, mais à vous, télévision. Il ne vous demande pas des réponses mais des choix. »

Il ne semble pas pour l'instant que nous soyons en mesure de répondre à cette double exigence. La pression du spectacle que renforce une concurrence sauvage est trop forte.

# 9

# Le spectacle du monde

« On ne peut pas se battre contre une image, rien ne peut entrer en compétition avec une image. » Cette réflexion de l'historien Zev Sternhell à propos du soulèvement de Cisjordanie ressemble à un aveu qui pourrait se formuler ainsi : parce que l'image est la matière première de la télévision, la télévision est spectacle et nous n'y pouvons rien. De l'information à la publicité, des débats politiques aux faits divers, tout est spectacle. Cinéma permanent de la grande et de la petite histoire, la télévision est devenue un apprenti sorcier. A force de vouloir faire la lumière sur tout et tout le monde, au nom d'une espèce de grande fraternité cathodique, nous risquons de nous aveugler : « L'opacité naît aussi de l'excès de clarté, écrit Serge Daney, et c'est ce que la télévision — art du plein jour obligatoire — ignore encore [1]. » Mais pour l'instant c'est le spectacle qui prime, en voici quelques extraits.

## Omaïra

Nous sommes le dimanche 16 novembre 1985, la rédaction d'Antenne 2 est réduite au minimum nécessaire pour assurer la fabrication d'un journal. Un dimanche qui s'annonce comme beaucoup d'autres, tranquille et routinier. Depuis quarante-huit heures, l'actualité est dominée par une terrible

1. Serge DANEY, *Libération*, 8 octobre 1987.

catastrophe naturelle survenue à Armero en Colombie. Nous attendons de nouvelles images aux échanges internationaux. Elles doivent « tomber » vers midi, heure à laquelle je rejoins la cabine de dictée pour préparer le journal qui commence à 12 h 45.

12 h 15, toujours pas d'image, le chef d'édition me dit : « Continue à dicter et laisse tomber la Colombie, je crois qu'ils ne vont rien envoyer. » Je me contente de rédiger une « brève » dressant le nouveau bilan des victimes.

12 h 30, le chef d'édition revient en m'annonçant : « Ça y est, ils annoncent la Colombie, il paraît que ce sont des images très fortes, je te tiens au courant pour ton lancement. »

12 h 42, au moment de rejoindre le studio, j'appelle le chef d'édition à l'interphone : « Alors, Jacques, que fait-on avec la Colombie, on ''trappe[2]'' ou on prend ?

— Écoute, commence le journal et fais comme s'il n'y avait rien. On a un petit problème, je te tiens au courant en régie. »

Le « problème » est tel, mais je l'ignore encore, que je commence le journal sans chef d'édition. Alors que je cherche à savoir où il se trouve pendant la diffusion du premier sujet, il fait irruption sur le plateau, tout essoufflé, et a juste le temps de me dire : « On diffuse la Colombie ; fais gaffe, c'est très fort ; tu en dis le moins possible mais tu préviens les gens que les images sont dures... surtout, n'en fais pas trop. »

Quelques minutes plus tard, arrive le moment fatidique du lancement que je fais le plus neutre possible : « Les catastrophes comme celle d'Armero en Colombie font naître des images souvent dramatiques, des scènes de tragédie auxquelles nous ne pouvons assister qu'impuissants. Celle qui suit est terrible. » Et je reçois en pleine tête, comme un coup de poing, le regard désespéré et las de la petite Omaïra, dont seul le visage émerge de la boue qui va engloutir sa vie. Pendant que, silencieux comme tout le personnel de plateau, j'encaisse le même choc que des millions de Français, je n'arrête pas de

2. *Trapper* : éliminer un sujet au dernier moment.

me dire : « Pourquoi ne m'ont-ils pas dit que c'était cela ? On ne lance pas aussi bêtement des images d'une telle violence. »

A peine le générique de fin diffusé, je me précipite en conférence critique où la discussion est déjà vive entre les partisans du « Il fallait le passer » et ceux du « A quoi ça sert de montrer une petite fille en train de mourir ? » J'interromps le débat pour m'étonner d'avoir été prévenu si légèrement, en protestant moi aussi contre la diffusion de telles images sans un minimum de précautions. Je suis interrompu par le directeur adjoint de la rédaction qui tranche : « TF1 a ouvert avec ! » Considéré par certains d'entre nous comme une provocation, l'argument relance la discussion. J'apprends que la journaliste auteur du commentaire ne l'a fait que contrainte et forcée par le directeur de la rédaction, après un échange très vif conclu au moment même où je commençais le journal. C'était le « problème » du chef d'édition. Les discussions continueront tout l'après-midi et, finalement, le document sera rediffusé dans le journal de 20 heures, avec l'impact que l'on sait.

« A ce moment-là, explique Marcel Trillat, nous ignorions la manière dont il avait été tourné et qui pouvait changer complètement la réception de ce message. Quinze jours après, nous avons appris que les sauveteurs ne savaient plus quoi faire pour cette enfant, car ils voulaient qu'elle "tienne" sans désespérer, le temps qu'ils essaient encore de déblayer autour d'elle ; ils sont allés chercher une équipe de télévision et ont dit à la petite fille de parler à ses parents dans la caméra pour lui donner du courage. Il aurait fallu pouvoir expliquer cela aux téléspectateurs avant la diffusion du document. »

Mais l'urgence du spectacle s'imposait, il fallait montrer avant TF1, ce qui fut au fond la seule vraie motivation, quoi qu'en dira plus tard le directeur adjoint de la rédaction : « Tout le monde était très ému en recevant le document pratiquement en direct. Il a fallu prendre la décision de le diffuser très vite parce que nous étions à une demi-heure du journal et nous l'avons prise parce que c'était un exemple parfait de sous-développement : s'il y avait eu une pompe dans ce village, la petite fille aurait été sauvée [3]. »

Une seule télévision, sur les trois de l'époque à faire de l'information, eut le courage de ne pas diffuser le document : FR3. « Personne n'a eu envie de le faire, raconte Geneviève Guicheney, ce n'était pas le problème de la dureté des images (des images très dures, il y en a tout le temps), mais pourquoi montrer, j'allais dire pour le plaisir, ce visage dramatique de la petit Omaïra, sans l'environnement ! Je sais que la mort fascine, mais à ce moment-là, il faut dire que ce n'est pas un reportage sur le drame colombien mais un reportage sur la mort en direct [4]. »

Le comble de l'hypocrisie fut atteint le lendemain par Europe 1 qui, faute d'image, diffusa le son du document au cours d'un débat avec des journalistes de télévision sur le thème : « Fallait-il montrer Omaïra ? » La vérité est qu'Omaïra est morte à la face du monde, pour rien, sur une image inutile : « Il serait abusif de prétendre que le plan de la petite fille d'Armero aide à la prise de conscience de quoi que ce soit, explique Serge Daney. Et s'il faut la mort en direct d'une petite fille pour que les braves gens regardent sur un atlas où se trouve la Colombie, c'est un peu cher payer la pédagogie. En même temps, il serait léger de prétendre que cette image nous laisse froid. Le spectacle de l'impuissance humaine face aux catastrophes naturelles est quand même le seul qui puisse nous rappeler à un sentiment d'humanité, fût-il minimal [5]. »

Pour une Omaïra livrée en pâture comme de la « chair à image », combien d'autres retenues pour épargner l'inutile au téléspectateur ? En fait nous passons une bonne partie de notre temps à faire le tri des images et à « censurer » tout ce qui est insupportable : les cadavres boursouflés de la guerre Iran-Irak,

---

3. Paul NAHON, « Histoire d'un jour », 20 février 1986, FR3.
4. Geneviève GUICHENEY, *ibid.*
5. Serge DANEY, art. cit.

les corps déchiquetés par des attentats au Liban ou à Sri-Lanka... Au nom de ce « sentiment d'humanité minimale », nous ne montrons pas tout. Si le spectacle nous fait déraper de temps en temps, la règle est heureusement de ne pas diffuser n'importe quoi dans l'inconscience générale.

Ce tri est beaucoup plus difficile à faire lorsque le journaliste se trouve en reportage — là, il doit se poser en permanence la question de « l'utilité » de ses images. Or, à la recherche du scoop, il lui est difficile de répondre à cette exigence.

## L'épreuve de la réalité

Les ruines de Mexico offraient le spectacle de la mort comme une vitrine ouverte sur toutes les télévisions du monde. Le problème n'était pas de trouver des images, mais de les choisir. Que répondre à ce pompier français qui, sur les décombres d'une maternité, vient vous dire tout fier : « J'ai quarante-deux cadavres à la morgue, là, ça peut vous faire une bonne image ! » Que dire à ce confrère qui vous alerte : « Fais gaffe, les équipes américaines tournent déjà au stade transformé en morgue géante. Les familles viennent identifier les cadavres, tu devrais t'y pointer, ça ferait une belle séquence. »

C'est ainsi que l'on se surprend à faire pleurer des parents de victimes devant la caméra , ou à demander à des témoins de se rapprocher d'un immeuble en ruines pour faire plus vrai... Au fait, qu'ont retenu les téléspectateurs français, américains et autres de ce tremblement de terre ? Que les chiens de décombres français et leurs maîtres casqués d'argent sont bien les plus forts pour sauver des vies humaines. Les pompiers français sont devenus des stars de la télévision américaine, mais personne n'a vraiment évoqué la corruption immobilière comme l'une des premières causes de ces milliers de morts.

« L'ensemble des médias transforme le réel vécu, la politique effective, les guerres et les problèmes économiques en pur spectacle, écrit Jacques Ellul... Le réel est image et spectacle pour nous, notre propre vie devient spectaculaire... La télévision joue avec le réel et met entre la vie et nous en écran sur lequel ne s'agitent que des ombres[6]. » La télévision serait donc devenue une sorte de « général de l'armée des ombres » au service de l'illusion. Même si l'analyse est pertinente, elle ne peut nier la capacité de l'image à modifier le cours de l'histoire lorsqu'elle est le messager de la réalité.

Les « Cinq colonnes à la une » consacrées à la guerre d'Algérie en sont un bon exemple, de même que, plus récemment, le travail des journalistes américains sur la guerre du Vietnam. « Ce sont les images transmises en direct chaque soir qui ont fait basculer l'opinion publique américaine, explique Philippe Alfonsi. Ce sont elles qui ont contraint le gouvernement à négocier. C'était la première fois dans l'histoire qu'une guerre était en permanence observée par l'œil froid des caméras. Un exploit extraordinaire qui allait tout naturellement devenir une des premières règles de l'information... D'où cette avalanche d'images dans ces dernières années, qu'elles viennent du Liban, d'Afghanistan ou de la rue des Rosiers, des images qui s'imposent comme des preuves[7]. »

Ainsi, en mars 1987, le document de la chaîne CBS qui montrait le tabassage de deux jeunes Palestiniens, à coups de pieds et de pierres, par quatre soldats israéliens. En suscitant l'indignation de l'opinion internationale, il devint aussitôt une terrible accusation contre l'armée israélienne qui sanctionna les coupables sans délai.. avant d'interdire pour un temps l'accès des territoires occupés aux journalistes. Aussi forte qu'elle ait été, cette image n'a agi que sur la réalité de l'instant. La repression du soulèvement palestinien continua, avec ses mêmes exactions. Ici, l'information n'a remporté qu'une demi-victoire.

Ainsi la télévision sélectionne et impose à l'opinion ses élans

---

6. Jacques ELLUL, *op. cit.*
7. Philippe ALFONSI, « Histoire d'un jour », 20 février 1986, FR3.

du cœur et ses indignations. « Il n'y a pas vraiment d'information à la télévision, il n'y a que la télévision, écrit Jacques Ellul. Un événement ne devient nouvelle que parce que la télévision s'en empare. » L'histoire de la petite Jessica est une parfaite illustration de ce commentaire. Tombée dans un puits alors qu'elle jouait, cet enfant de dix-huit mois a retenu le souffle de l'Amérique pendant cinquante-huit heures. Tout un pays a rivé son regard sur le sauvetage de la fillette, parce que les télévisions américaines avaient décidé ce jour-là qu'elle était un événement. Comme au cinéma, les téléspectateurs ont vécu au rythme des angoisses et des espoirs d'une famille américaine à leur image. C'était un « beau spectacle », aussitôt remplacé par un autre le lendemain.

« Un instant, quelques semaines, poursuit Jacques Ellul, la télévision se passionne pour le Biafra, pour le Cambodge de Pol Pot, pour les *boat people*, le temps de montrer et de remontrer les mêmes images. Tout à coup, des millions de téléspectateurs sont passionnés par l'injustice d'Israël ou le gouvernement d'Afrique du Sud. Et puis, à la trappe, disparus... Il ne faut pas que ça dure, même tragique, la durée est ennuyeuse. Et l'on confond totalement l'important avec le nouveau. Une prise d'otages c'est très important. La digestion progressive du Cambodge par le Vietman n'a aucune importance parce que ce n'est pas nouveau. En effet, le téléspectateur est au spectacle, il ne reçoit que le spectacle de l'action et ce n'est pas possible qu'un spectacle traîne en longueur [8]. »

Parce que des spectacles se « vendent » mieux que d'autres, nous sommes très sélectifs : un voyage du pape, une grande pollution, une guerre, une prise d'otages, un attentat terroriste, c'est payant. Arrêtons justement l'image sur cette forme la plus barbare du spectacle cathodique.

8. Jacques ELLUL, *op. cit.*

## Du sang à la une

Septembre 1986, dans le bureau de Jean Drucker, alors PDG d'A2. Il essaie de m'expliquer pourquoi il faudrait modifier la bande Otages du début des journaux. Selon lui, elle risque de lasser certains téléspectateurs et par conséquent de ne pas atteindre l'objectif de sensibilisation que nous nous sommes fixé. Il se répète, et une douce torpeur menace de me submerger. Je jette de temps à autre un coup d'œil sur l'écran qui diffuse les programmes de la chaîne lorsque, tout à coup, je vois se dérouler cette phrase : « Attentat rue de Rennes à Paris. De nombreuses victimes. Flash spécial à... » Le terrorisme reprenait son spectacle.

En quelques minutes, dans le confort douillet d'un bureau présidentiel, deux écoles du terrorisme venaient de se succéder : celui qui se cache pour mieux agir et celui qui se montre pour mieux traumatiser. Plus bas, à l'étage de la rédaction, revenait cette question mille fois répétée : « Que faire et comment traiter ça ? » Et toujours la même réponse : le spectacle, dont nous serons aussi les acteurs.

Dans leur très bon livre *Terrorisme à la une*[9], Dominique Wolton et Michel Wieviorka font remonter l'histoire des relations entre terrorisme et médias au premier détournement d'avion commis par des militants palestiniens à la fin des années soixante : « Pour la première fois se concrétise à une telle échelle un modèle classique où le spectacle est mis en scène par des terroristes qui le montent de toutes pièces, le gèrent avec un sens du fonctionnement des médias. »

A l'instar de Wolton et Wieviorka on peut distinguer en la matière trois étapes.

*La couverture en direct d'un acte terroriste* : l'attaque du commando Septembre noir, le 5 septembre 1972, contre les athlètes israéliens aux Jeux olympiques de Munich. Les terroristes se greffent sur un événement hautement médiatique

9. Michel WIEVIORKA et Dominique WOLTON, *Terrorisme à la une*, Gallimard, Paris, 1987.

et provoquent même la surenchère des télévisions américaines. « En pleine retransmission de la prise d'otages, racontent les auteurs, le speaker d'ABC annonça l'interruption immédiate du direct pour raisons techniques ; en réalité, sa chaîne ayant refusé à la concurrence l'accès aux images dont elle avait le monopole, CBS avait répliqué en achetant les droits d'utilisation du satellite, paralysant ainsi la diffusion du direct pendant une heure et demie. »

Deuxième étape, *la collaboration entre terroristes et journalistes.* C'est le détournement du Boeing de la TWA sur l'aéroport de Beyrouth entre le 10 et le 15 juin 1985. De l'interview du chanteur Demis Roussos lors de sa libération à l'entretien avec l'équipage réalisé par ABC au pied de l'avion, le monde entier a suivi ce grand spectacle coproduit par journalistes et terroristes. La chaîne ABC dépensa même plus de cent mille dollars par jour pour « la mise en scène d'une violence de plus en plus factice. »

Troisième étape et deuxième école, *l'acte terroriste anti-spectacle*, ce sont les enlèvements de Carton, Fontaine, Kauffmann et Seurat en 1985, puis de l'équipe d'A2 en 1986. « Il s'agit de choquer l'opinion non par une violence visible, hautement destructrice ou meurtrière, mais par l'occultation et d'assurer le traumatisme par le manque, l'escamotage. »

Il ne faut donc pas s'étonner qu'un certain 19 décembre 1985, en pleine cour d'assises de Nantes, trois hommes aient pris en otages magistrats et journalistes devant les caméras de la télévision pour exprimer leur désespérance. Ils ont pris le spectacle au mot. Subitement, la justice n'avait plus d'importance et devenait dérisoire. C'est sur l'écran que tout se passait, comme s'il était devenu le vrai lieu géographique de la réalité. Faute d'avoir été entendus par la société, ces trois hommes ont cru aux vertus soi-disant participatives de la télévision ; enfin ils allaient être compris. Ils ont été les victimes de la grande illusion que chaque jour nous nous efforçons de mettre en scène dans nos journaux télévisés, en faisant croire que nous sommes là où il se passe quelque chose.

## Le Grand « Médiatiseur »

Au centre de ce mécanisme, le présentateur. Il va entraîner l'adhésion de ceux qui le regardent selon ses aptitudes à manier le « direct », principal ressort de notre machine à illusions. « A la télévision, écrit Gérard Leblanc, spécialiste de l'audiovisuel, c'est la fiction du monde, telle qu'elle est construite par l'information télévisée, qui sécrète le direct comme récit du monde le mieux adapté. Grâce au direct, le monde se fait et se défait instantanément sous nos yeux [10]. » ... Et au centre de ce monde, se trouve le présentateur, arbitre du « match de la vie », comme l'avait défini Alain Peyrefitte au moment de la réforme de la RTF en 1963.

Il regarde le téléspectateur au fond des yeux (en fait il ne fait que lire son téléprompteur !) et lui laisse croire qu'à tout moment l'ordre du monde peut être interrompu. « Une éternelle dépêche d'agence plane au-dessus du journal, la voici qui tombe maintenant et le présentateur, selon la formule rituelle, la ''découvre en même temps'' que nous. Tout journal télévisé se dédouble entre une actualité déjà faite et une actualité en train de se faire », poursuit Gérard Leblanc.

L'affaire du Boeing sud-coréen, abattu en août 1983 par des missiles anti-aériens soviétiques, illustre parfaitement cette pertinente analyse. La première dépêche me parvint alors même que j'entrai dans l'ascenseur pour rejoindre le studio du journal. De même que nous véhiculons l'image d'un monde en désordre alors qu'il devrait être en ordre, cette information de dernière minute bousculait mon ordre des choses. Il était évident qu'elle devenait l'ouverture [11]. Jusqu'à ce que l'on sache exactement ce qui s'était passé, je jouais sur le direct et m'appliquais à entretenir le suspense. Je donnais l'impression au téléspectateur que nous étions ensemble dans un événement qui pourtant se vivait sans nous !

---

10. Gérard LEBLANC, Maître de conférence à l'université Paris-III : *Treize heures, vingt heures, le monde en suspens*, éd. Hitzeroth, Marbourg, 1987.
11. *Ouverture* : premier sujet traité dans un journal télévisé.

« Cela veut dire, écrit Neil Postman, que la télévision crée une nouvelle définition de la vérité. La crédibilité de celui qui l'énonce est l'ultime critère de la véracité d'une proposition [12]. » Et c'est ainsi qu'en France, en particulier, on voit évoluer les journaux télévisés en fonction de la notoriété du présentateur ! « J'ai vu certains journaux télévisés du dimanche soir, explique Jacques Pomonti, ancien président de l'INA, présentant un fait divers après l'autre parce que c'était ce qui correspondait à l'attente du public dans sa relation particulière avec ce présentateur ou cette présentatrice. La télévision spectacle l'a emporté sur le contenu. » Pour éviter ce genre de dérapage, certaines télévisions américaines, comme CNN, interdisent à leurs présentateurs toute intervention dans l'élaboration du journal ! Cyniques, ils appliquent jusqu'au bout la logique du spectacle. L'acteur efface le journaliste. Il devient, explique Gérard Leblanc, « le premier consommateur de l'information, telle qu'elle s'élabore en dehors de lui. Mais il s'agit d'un consommateur enthousiaste, qui doit entraîner à sa suite la masse des téléspectateurs... La fiction qui le place à l'origine des informations ne vise qu'à mieux assurer les mécanismes d'identification et de projection sur son image ».

Le médiateur est médiatisé ! Il rejoint « son » public dans la triste condition de « voyeur universel » qui voit défiler le monde sur un écran : « Tout ce que je rencontre dans la rue est de la même réalité que ce que j'ai vu sur l'écran », écrit Jacques Ellul. « Lorsque je rencontre un mendiant ou un chômeur, je porte le même regard superficiel et désincarné que sur les squelettes vivants du tiers monde que la télévision me montre périodiquement. C'est exactement l'extrême de la déréalisation : confusion du monde vivant et du monde montré [13]. »

Perdu dans ce brouillard médiatique qui enveloppe sa propre vie, l'homme se laisse aller au « désengagement » et au

12. Neil POSTMAN, *op. cit.*
13. Jacques ELLUL, *op. cit.*

repli sur soi... Nous sommes bien loin du « village planétaire » de Mac Luhan ! Le spectacle cathodique est un piège, une sorte de trou noir qui avale tout ce qui passe à sa portée : la politique est aujourd'hui une de ses proies favorites ; au grand dam de la démocratie ? Voire...

## 10

# La politique spectacle

« Si la République est fondée sur l'intelligence des citoyens, le système politico-médiatique français semble de plus en plus bâti sur l'hypothèse inverse, c'est-à-dire la bêtise. » Ce jugement sans concession n'émane pas d'un observateur de l'arène médiatique mais de l'un de ses acteurs : Jean-Pierre Chevènement. Traduit-il une triste réalité ou au contraire les désillusions d'un homme politique déçu par des médias qui ne lui accordent pas l'importance qu'il voudrait ?... Sans doute les deux ! Ses prédécesseurs lui ont en effet montré la voie. N'est-ce pas le général de Gaulle qui le premier utilisa la télévision pour mater le putsch des généraux d'Alger en 1961 et sauver ainsi la Ve République ? N'est-ce pas Pierre Poujade qui, en 1956, inventa la politique spectacle en jouant sur une image d'Épinal, le gilet de laine grise tricotée du « Français moyen », et une formule révolutionnaire : « Ils sont grands car nous sommes à genoux » ? N'est-ce pas neuf ans plus tard, en 1965, Jean Lecanuet qui devient le premier produit français du marketing politique et, ainsi, le premier grand acteur du spectacle politique ?

Les grands ancêtres ont fait des petits, au point qu'aujourd'hui un homme politique de dimension nationale ne peut plus échapper au petit écran s'il veut faire carrière. La télévision est devenue un passage obligé pour « dialoguer » avec les électeurs en lieu et place des préaux d'école. Elle a modifié radicalement les formes d'expression des hommes politiques pour capter l'attention du public-citoyen. Ceux qui ne parviennent pas à s'adapter sont poussés vers les oubliettes.

La télévision est aux hommes politiques ce que la scène est aux acteurs de théâtre. Il faut être bon, émouvant, persuasif pour rencontrer le succès auprès des électeurs potentiels et indécis. Pour être bon, il faut répéter, s'entraîner avec des « spécialistes » en communication qui, moyennant finances, apprennent aux candidats à la gloire républicaine à bien se tenir, bien parler, bien s'habiller, bien sourire, à ne choquer personne... A force de soigner le spectacle plus que le contenu, nos nouvelles stars du petit écran atteignent le degré zéro de la politique. « Les contraintes médiatiques limitent le champ de réflexion des hommes politiques », reconnaît Michel Rocard.

A force de vouloir séduire, nos hommes politiques cachent sous leur mouchoir idéologie, programme et appartenance, pour se laisser engluer dans une sorte de consensus mou où tout se mélange et rien ne se différencie. Avec la complicité des journalistes et des gens de télévision, ils tendent à devenir des pitres cathodiques plus habiles à chanter *L'Ajaccienne* qu'à parler du chômage : « Ils se sont mis dans la tête, explique Roland Cayrol, que la télévision a besoin de vedettes, que les vedettes sont des gens qui savent chanter, montrer leurs cuisines et leurs salles de bain... Je crois que nous sommes dans une spirale folle où la France, hélas, est en pointe. On en est arrivé à la caricature de la télévision politique-spectacle. » Un jugement que confirme notre confrère Philip Roth, de la BBC : « Vous les Français, vous avez la mauvaise habitude de mélanger les genres, le show-biz et la politique. Vous avez commencé avec Coluche, Montand a pris le relais en passant par Barre ou Rocard qui parlent de littérature dans des ''Apostrophes'' spéciaux... » Éblouis par les paillettes du spectacle, nos hommes politiques auraient-ils oublié qu'ils sont là pour changer la société ?

La télévision dénature-t-elle à ce point la politique que la démocratie ne s'en relèvera pas ? La réponse n'est pas si simple !

## Le paradoxe cathodique

Théoriquement, la mass-médiatisation de la vie politique par la télévision est le meilleur instrument que se soit inventé la démocratie du suffrage universel. Elle devait faciliter le contact direct entre gouvernants et gouvernés, rêve de tous les philosophes d'Aristote à Rousseau. Elle n'a pourtant parcouru qu'une partie du chemin.

« Au fond, explique Roland Cayrol, la télévision est la première grande réponse technique au problème que se posaient les théoriciens de la démocratie directe. Pour la première fois, le suffrage universel était en contact direct avec les aspirants à la fonction de gouverner. Dans l'absolu, on a trouvé le moyen de communication rêvé de la démocratie. On nous dit aujourd'hui que le préau d'école était beaucoup mieux... Il n'y avait personne, même sous la III^e^ République quand la télévision n'existait pas encore !... Quoi qu'on dise, le grand progrès de la télévision par rapport à cette époque demeure la possibilité réelle de poser les problèmes de la société devant le plus grand nombre. Donc, méfions-nous de tous les discours sur le côté antidémocratique de la télévision. C'est d'abord un moyen formidable de mettre dans le coup un maximum de gens. »

Parce qu'elle a permis cet élargissement, la télévision a modifié les règles du discours politique. « Le message politique qui, traditionnellement, transitait par les notables, les corps intermédiaires, avant de descendre sur les électeurs, s'est transformé dans le sens de la modération, explique Jean-Louis Missika. La rhétorique ne peut être la même quand le public se compose de militants convaincus qu'il faut mobiliser ou au contraire d'électeurs plus ou moins indécis qu'il faut séduire ou convaincre. L'homme politique est donc contraint de maîtriser deux registres de discours finalement contradictoires »... Un genre dont Jean-Marie Le Pen est devenu le spécialiste incontesté !

Le double langage n'est donc pas le monopole des saltimbanques et des décideurs de médias, il s'impose comme une règle universelle. Nous sommes au cœur du paradoxe cathodique. D'un côté un instrument formidable de vulgarisation politique, qui fait dire à Jean-Louis Missika : « On peut regretter la simplification, la schématisation et même le spectacle, mais quitte à choisir entre la France des années trente et celle des années quatre-vingt, je préfère celle des années quatre-vingt ! » De l'autre, un accélérateur du déclin des idéologies : « La télévision joue un rôle dans cette chute mais pas unique, explique Roland Cayrol. Ce qui est important, c'est la société. Elle change. On assiste à une espèce de moyennisation du paysage social français qui a tendance à gommer les extrêmes. De fait, il y a une réduction des antagonismes fondamentaux dans la société française. D'autre part, avec l'alternance politique, les Français ont progressivement intégré l'idée qu'on est dans une période de crise économique et sociale qui risque de durer. Face aux échecs des différentes politiques, ils ne se font plus d'illusions sur la latitude d'action des gouvernements face à cette crise. La télévision n'est donc pas la cause mais la conséquence d'une situation née de la société. En revanche, et cela est propre à la télévision, elle n'aime pas les extrêmes, ni les idéologies, ni les méchants, toutes les enquêtes sociologiques le montrent, et tous les conseillers en communication des hommes politiques le savent. Chaque fois que leurs poulains passent à l'antenne, ils leur demandent de ne pas faire peur, de ne pas employer de mots en isme, de ne pas être trop abstraits... Ils les rabotent jusqu'à devenir des passe-murailles ! »

Nos hommes politiques traquent le consensus comme un gibier et tombent dans le piège de l'insignifiance et de la langue de bois. Ils n'arrêtent pas de gloser sur le « parler vrai », mais c'est pour mieux l'exorciser. Ils se méfient de l'authenticité comme de leur ombre, même si l'expérience prouve qu'elle est payante. « Le véritable problème, explique Roland Cayrol, c'est l'authenticité. Les messages authentiques ont une chance de passer s'ils sont reçus comme tels... A vrai dire, l'authenticité se travaille aussi ! Il faut l'être et le paraître. En étant et en paraissant authentique, on peut dire des choses qui dérangent. Pourtant, j'étais parmi ceux qui pensaient, en regardant le président annoncer sa candidature au journal d'Antenne 2, qu'il se mettait en danger en dénonçant les clans, les bandes, les factions... On s'est aperçu que les Français n'en ont pas été dérangés. Quand le lendemain on leur a demandé s'ils pensaient qu'il y avait un danger de mainmise des amis de Jacques Chirac sur l'État, ils ont répondu très majoritairement : Non (27 % ont dit Oui). Dans une autre enquête non publiée, 25 % des sondés estimaient qu'il pouvait y avoir une mainmise sur l'État des amis de François Mitterrand !... Donc son argument n'était pas fort. Les Français ne lui en ont pas voulu de l'avoir employé. Ils n'étaient pas fondamentalement d'accord avec lui mais ils ont apprécié sa sincérité. En fait, ils ont apprécié sa candidature pour d'autres raisons. »

Souvenons-nous de ce qu'avait déclaré François Mitterrand lors d'un « Cartes sur table » (A2) avant les présidentielles de 1981 : « Je sais que les Français sont majoritairement pour la peine de mort, or, moi je suis contre »... Il gagna ce soir-là un nombre de points non négligeable en popularité ! Et aujourd'hui, Raymond Barre bâtit toute son image sur un discours de rupture avec la classe politique et pourfend les défauts du « microcosme » avec un certain succès...

Malgré ces preuves qui condamnent leur hypocrisie, nos hommes politiques continuent à vouloir flatter les indécis. Ils élèvent l'autocensure au rang de religion et, du coup, ressemblent à s'y méprendre à leurs associés-rivaux, les journalistes. « La télévision, précise Roland Cayrol, pousse jusqu'à la caricature les défauts mêmes du suffrage universel. Supposons que nous soyons cent dans une pièce pour élire un délégué, 49 pour un candidat et 49 pour l'autre, il suffit que les deux qui ne s'expriment jamais se décident ce jour-là pour faire pencher la balance. C'est stupide mais on n'y peut rien ! Eh bien, voilà, ce qu'est, à la puissance mille, la télévision. Les indécis, ceux qui se moquent de la politique toute l'année, qui ne lisent pas de journaux, sont de très bons téléspectateurs. C'est pourquoi les hommes politiques raisonnent en télévision comme en économie : au coût marginal. Il leur faut miser sur ces indécis qui regardent seulement les journaux télévisés pour s'informer. Il ne faut pas chercher ailleurs la caricature de la démocratie. Cela pose tout de même un sacré problème de se dire qu'on fait pencher la balance électorale d'un pays de façon décisive à partir de quelques minutes dans un journal télévisé ! Mais en même temps comment faire, dans une société aussi sophistiquée que la nôtre, pour qu'une telle décision se prenne ailleurs que dans un espace aussi peu démocratique ? »

En supprimant la télévision ! répondent les plus radicaux qui préfèrent le retour à l'archaïsme au nom d'une « société plus saine et plus propre »... Stupide !

## « Nous ne voulons pas voter idiots »

Et pourquoi ne ferions-nous pas confiance à la capacité de discernement et à la responsabilité des téléspectateurs-électeurs que journalistes et hommes politiques s'obstinent à prendre pour des crétins ? En s'abstenant massivement aux législatives, n'ont-ils pas apporté une première réponse à cette question ? Leur message était clair : « Arrêtez de nous prendre pour des imbéciles ! » Ils ont sanctionné ceux qui ne connaissent « d'autre valeur que le coefficient médiatique d'un discours, qu'ils confondent avec sa résonance parmi les gens [1] ».

De ce point de vue, quelques cinglants échecs électoraux apportent eux aussi leur réponse. En forçant la symbolique et les effets médiatiques à coups de Dominique Prieur, d'otages et d'Ouvéa, Jacques Chirac et ses amis ont provoqué le rejet des téléspectateurs-citoyens. Même scénario pour Georges Marchais et Valéry Giscard d'Estaing, les plus grandes stars

1. Daniel SIBONY, *Libération*, 24 décembre 1987.

médiatiques de ces dix dernières années. Malgré le succès populaire de son « Taisez-vous Elkabbach », Georges Marchais n'a pu enrayer le déclin historique du PC ; malgré le succès du « bon choix », Giscard d'Estaing n'a pu éviter la défaite en 1981... La télévision grossit les défauts que les citoyens repèrent aussitôt : « Prenez le cas de Fabius, explique Serge July, citant le fameux débat avec Jacques Chirac. C'est une histoire morale et une aventure exemplaire car, après avoir connu un formidable succès, il a subi un terrible échec médiatique... Son image dure, combattante, incisive, a dérapé au cours du débat dans le mépris. Rappelez-vous ce fameux geste de la main ! Ce mauvais réflexe au mauvais moment est encore aujourd'hui lourd de conséquence. Pourquoi ? Parce que ce fut un formidable moment de vérité [2]. »

Autrement dit, l'utilisation des médias expose au risque de tomber dans le grand-guignol ou de se prendre pour un présentateur, mais elle ne confère aucune légitimité ! La crédibilité politique puise ses sources ailleurs, dans la Cité. Un homme politique ancré dans la société, capable de faire face aux problèmes internationaux et garant de la démocratie sera très vite « repéré » par les téléspectateurs qui lui donneront leur confiance. « Le citoyen reste citoyen, dit Anne Sinclair, il est capable de juger, au-delà de l'apparence, les différences de discours. Il n'a pas la possibilité de se tromper. »

En tout cas, les journalistes ne font pas grand-chose pour l'aider à y voir clair. Ainsi quand ils alimentent la discussion interne à la classe politique par le jeu des « petites phrases » tellement médiatiques, mais trop fugaces pour faire avancer les idées et la démocratie. « L'effet "petites phrases" est ravageur, écrit Michel Rocard. Il est pour beaucoup dans le discrédit général du monde politique auprès de l'opinion, et affaiblit le soutien populaire à nos démocraties. Il est loisible à un homme politique de faire un discours sans "petites phrases" [...]. Il ne sera cité nulle part, car il n'est pas assez sonore pour

2. Serge JULY, *Les Dossiers de l'audiovisuel*, n° 17, janvier-février 1988.

dominer le débat médiatique ambiant [...]. Il y a désormais des spécialistes de ces discours (à base de petites phrases) qui sont un enfilage peu élaboré de réflexions ou d'aphorismes à portée limitée, mais savamment émaillés de petites phrases à fort impact médiatique. Et l'impression se dégage que la classe politique — triste vocable — se vautre dans les délices de la polémique ou du cliché. L'événement n'est plus l'action, il est le discours ou la parole... Le monde politique donne le sentiment de devenir une sphère close, uniquement vouée à la palabre... [3]. »

Tout se passe comme s'il y avait deux débats parallèles, celui des médias et celui de la société réelle. Pendant que les journalistes se conduisent comme des « grandes cocottes » (Simone Veil), qu'il faut séduire à coups de petites phrases qui réduisent le discours politique au minimum, « les responsables politiques s'astreignent à effectuer d'innombrables tournées en province, qui permettent, grâce au contact direct avec un nombre important de personnes, de rester à peu près maîtres de la nature du message et de sa diffusion [4] ».

Qu'on le veuille ou non, les hommes politiques passent leur temps à développer des idées, surtout en campagne : « Quand Mitterrand ou Chirac font des discours de deux heures ou deux heures trente en meeting, explique Jean-Louis Missika on ne va pas me faire croire qu'ils ne parlent de rien ! Si la télévision ne retient que la petite phrase, c'est sa responsabilité. On peut ensuite entrer dans une critique de ce qu'ils racontent, mais qu'on ne vienne pas dire que les campagnes n'ont pas de contenu ! Je crois simplement qu'il y a de plus en plus de journalistes paresseux et saturés de politique qui s'en fichent et qui affirment que les hommes politiques n'ont rien dit parce que cela simplifie leur tâche. "Chirac n'a rien dit" ? Quand on regarde, on s'aperçoit qu'il a parlé de l'immigration, de la fiscalité et de l'Europe ! »

---

3. Michel ROCARD, *Le Cœur à l'ouvrage*, O. Jacob, Paris, 1987.
4. Serge JULY, art. cit..

La banalisation du discours n'est donc pas seulement le fait de l'homme politique, elle découle aussi de l'acharnement réducteur des journalistes qui passent son message à la moulinette du spectacle : « L'homme politique, l'homme de gouvernement n'a qu'une maîtrise très indirecte de son message, écrit Thierry Pfister. Quand il parle, il ignore jusqu'à quel point son raisonnement sera reproduit et donc acquiert une chance de se trouver intériorisé par les citoyens. Il est placé au sein de l'univers des médias, en concurrence avec un cyclone à la Réunion, un coup d'État aux Philippines, une prouesse sportive qui n'étaient pas programmables par lui [5]. » Voilà pourquoi la plupart des hommes politiques se battent pour participer à des émissions faites pour eux comme « Questions à domicile », « L'Heure de vérité » ou « Sept sur sept »... Installés dans la durée, les plus doués d'entre eux savent qu'ils pourront enfin dire ce qu'ils veulent aux téléélecteurs, même si ce n'est pas du goût des animateurs qui ont un spectacle à assurer : « Le choix pour moi, commente François-Henri de Virieu, est de maintenir mon audience ou d'être chassé du *prime time.* » Et quand Rocard fait un long développement sur l'emploi, ou Barre sur l'économie, il peste par peur du *zapping*...

« Prenons Chirac dans son dernier "Questions à domicile" de la campagne, explique Jean-Louis Missika. Il avait un seul message à faire passer : la cohabitation, c'est fini. Il a fait un tiers de son temps là-dessus malgré la difficulté de l'exercice : il lui fallait faire passer simultanément qu'il ne cohabiterait plus mais qu'il avait bien fait de cohabiter. Le message était simple mais l'argumentation difficile. Quelles que soient les qualités et la persévérance d'Anne Sinclair et de Jean-Marie Colombani pour l'emmener ailleurs, il a maîtrisé son message. Il est passé en force.

« Dans la même émission, Mitterrand a réussi son coup tout aussi bien : un tiers de politique étrangère, un tiers de

5. Thierry PFISTER, *Revue politique et parlementaire*, n° 929, mai-juin 1987.

politique sociale, un tiers d'institutions. C'est ce que j'appelle le sandwich Mitterrand : une tranche de social-démocratie entre deux tranches de domaine réservé présidentiel. Là encore, les animateurs de l'émission n'ont rien pu faire, il maîtrisait bien sa communication.

« Quant à Rocard, ils n'arrêtaient pas de lui demander : ''Alors, comment vous situez-vous par rapport à Mitterrand ?'' Lui ne répondait rien. Il était en position de faiblesse, jusqu'au moment où, excédé, il leur a dit : ''J'aimerais bien que vous me posiez des questions intéressantes.'' Il a fait alors passer le message qu'il voulait. Finalement, le seul à s'être laissé piéger, c'est Raymond Barre, parce que c'est lui qui a le moins d'expérience. Il a été en contre-emploi permanent dans ses premières prestations et il a désorienté les électeurs. Il a fait 60 % de son ''Questions à domicile'' sur l'analyse de la campagne, alors qu'il a une image de critique de la politique politicienne. Il a été victime d'une incohérence d'image qu'il a bien rattrapée six semaines plus tard en faisant une bonne ''Heure de vérité''. »

Autrement dit, si la télévision est utilisée par les journalistes et les hommes politiques dans le sens du respect des téléélecteurs, elle peut retrouver sa vocation de formidable outil démocratique parce qu'elle fonctionne comme une sorte de tamis qui filtre les hommes politiques. Contrairement aux apparences, ces émissions rationalisent le débat politique parce qu'elles obligent les prétendants au suffrage universel à construire leurs arguments, y compris les extrémistes à la Le Pen. « Le discours de Le Pen n'a rien à voir avec celui de l'extrême droite des années trente, selon Jean-Louis Missika. Dans les années trente, on faisait appel à la haine pure et simple, à la dénonciation avec des slogans dans le genre : ''A bas les juifs, à bas les ploutocrates'' ; Le Pen, lui, il fait des raisonnements. »

C'est en période de grands enjeux comme les élections présidentielles que la rencontre de la rationalité et du spectacle doit être la plus habilement dosée. De ce point de vue, la campagne du président en 1988 mérite qu'on s'y arrête pour avoir été un modèle de bon usage des médias et de maîtrise de sa communication.

## Battons la campagne

« Une campagne, rappelle Roland Cayrol, sert d'abord à rameuter les électeurs potentiels pour leur donner quelques signes, leur dire qu'on leur correspond toujours, qu'on est toujours là et qu'ils ont de bonnes raisons de voter encore pour celui qu'ils ont toujours choisi. C'est ensuite essayer de ramener les indécis, les modérés et les fluctuants. Il faut adresser aux premiers — les électeurs potentiels — un système de signes assez précis ; mais les autres sont allergiques à la politique et ne regardent pas les émissions politiques à la télévision. Il faut savoir que, par exemple, 57 % de Français n'ont jamais vu "L'Heure de vérité" ! Et ceux-là, il faut leur adresser d'autres systèmes de signes, moins politiques. Le problème de François Mitterrand était donc de trouver les éléments de manifestation symbolique qui fonctionnent comme des signes à l'adresse de ces électeurs indécis. Dans une cacophonie médiatique comme la nôtre, il était très difficile de trouver des symboles forts. Donc pas question pour lui de se prêter à la télévision spectacle normale, qui ne lui aurait pas permis de se différencier des autres. En période électorale, le *must*, c'est justement de savoir refuser les sollicitations. Il faut éviter au maximum les émissions où les journalistes vous empêchent de tourner en rond et vous cassent votre communication en un moment où il est décisif de la maîtriser.

« Ainsi, en choisissant d'envoyer un texte aux Français par l'intermédiaire de la presse a-t-il entièrement maîtrisé sa communication et orchestré sa symbolique. De même pour les affiches, dont il a fait expliquer la symbolique par le publicitaire lui-même sur tous les grands médias. Lors de ses meetings, il était toujours devant un décor bleu, blanc, rouge et il savait quels types d'extraits pouvaient être choisis par les journaux télévisés. En ne s'enfermant pas dans le quotidien des émissions politiques, non seulement il ne s'est pas dilué dans le camp des autres mais il a maîtrisé sa symbolique mieux que tous les autres. Au nom de principes de communication assez sophistiqués, il a tranché. Sa déclaration de candidature sur A2 en est la meilleure preuve !

« Je crois que ses conseillers en communication ont beaucoup visionné les déclarations de candidature de ses prédécesseurs, qui avaient été faites de l'Élysée et enregistrées avec une certaine solennité. Ils ont voulu rompre avec cette tradition et se démarquer de Jacques Chirac qui, lui, avait confié à une société privée amie l'enregistrement de sa déclaration livrée ensuite aux chaînes, sans que d'ailleurs aucun journaliste ne s'étonne du procédé ! En agissant ainsi ils ont non seulement désacralisé le président, mais ils ont valorisé le service public dans une période difficile du PAF. Tout le monde craignait un effet négatif dans les sondages dû à la brutalité de l'annonce. Mais en dédramatisant, en venant dans un journal télévisé habituel en complet veston comme tous les jours répondre tranquillement aux questions des journalistes, il n'a rien perdu, au contraire !... C'était ce que l'on appelle une communication bien comprise. »

Si Jean-Louis Missika partage cette analyse sur une bonne partie de la campagne du président, il est très critique sur un certain nombre de ses attitudes symboliques : « Quand il a envoyé sa lettre aux Français, j'ai tout de suite pensé qu'il commettait une erreur. Je me suis dit, il fait le syndrome Giscard : Moi et ma relation d'amour avec les Français. Il a disjoncté. La même analyse vaut pour son refus d'aller à "L'Heure de vérité" ou sa volonté de rester à l'Élysée pendant que son staff de campagne se trouvait avenue Franco-Russe. Tout à coup, on a vu apparaître un faisceau d'éléments montrant qu'il ne pouvait s'empêcher d'être président avant d'être candidat. Il se voulait un candidat à part, comme Giscard en 1981, ce que les Français n'avaient pas accepté. Ils sont à la fois monarchistes et égalitaristes. Ils sont d'accord pour admettre que le président est un monarque, mais quand il est candidat il faut qu'il soit comme les autres... Heureusement pour Mitterrand qu'il a corrigé le tir en fin de campagne, ç'aurait pu lui coûter cher si Chirac, de son côté, n'avait accumulé autant de maladresses ! »

S'il est reconnu par tous aujourd'hui que la télévision ne fait pas une élection, elle y contribue largement. En cultivant les indécis, les candidats à la fonction suprême s'adressent d'abord à 400 000 personnes qui vont faire pencher la balance, tout en donnant le sentiment de parler à l'ensemble de la nation ! Pendant tout leur long marathon cathodique, ils ne pensent qu'à elles, surtout lors du débat télévisé d'entre les deux tours, point culminant et sans doute décisif de la campagne, symbole de l'emprise politique du petit écran sur la vie démocratique. Ce « duel », inventé par la télévision, n'est-il pas présenté aujourd'hui comme une tradition républicaine alors qu'il est né en 1974 ?

A cette époque, contrairement à son adversaire Valéry Giscard d'Estaing, François Mitterrand maîtrisait bien mal cet instrument qu'il n'aimait pas. « On était accablé par ce que disaient les gens, raconte son conseiller en communication Serge Moati : il a l'air faux, on ne croit pas à ce qu'il dit, avec ses yeux qui papillotent... [6]. » « Il incarnait un modèle très vieille France, ajoute Serge July, il est resté très longtemps un homme de la IVe République, tant au niveau du langage qu'au niveau visuel : par exemple, il a porté pendant dix ans une cravate en tricot rouge, ce qui est impossible en télévision. Les téléspectateurs sentent bien qu'il n'a rien compris à la télévision alors qu'il prétend comprendre le pays et vouloir le diriger [7]. » C'est ce qui le perdra en 1974 face à un Giscard maîtrisant parfaitement l'instrument. François Mitterrand prendra le fameux « Vous n'avez pas le monopole du cœur »

6. Serge MOATI, *Les Dossiers de l'audiovisuel*, n° 17.
7. Serge JULY, art. cit..

comme une gifle dont il ne se remettra que... sept ans plus tard ! Filmé en gros plan par Serge Moati — « Il fallait le montrer tel qu'il était en homme de passion et homme de foi » — et devenu maître de sa communication, il l'emportera enfin. Et l'on se souvient encore de ces deux petites phrases assassines : « Je ne suis pas votre élève... Vous êtes l'homme du passif » Si les débats de 1974 et 1981 furent sans doute décisifs, celui de 1988 ressemblait plus à une formalité qu'à un vrai duel : les jeux étaient déjà faits. Avec une confortable avance dans les sondages, le président sortant ne courait pas grand risque à affronter un Jacques Chirac déterminé mais réaliste quant à ses maigres chances de l'emporter au deuxième tour. Il aurait fallu une grave défaillance de François Mitterrand pour que l'électorat bascule et démente les sondages d'opinion. Le « duel » a tourné à la formalité obligée que les deux hommes ont assumée avec talent. Devant 25 millions de téléspectateurs, ils ont fait leur métier ; ils ont apporté à leurs partisans la garantie de « bonne fin » ; ils les ont rassurés quant à leurs qualités de champion d'un camp contre l'autre... Les électeurs n'en demandaient pas plus.

Il en va de même aujourd'hui aux États-Unis : nous sommes loin du premier grand duel politique de l'histoire de la télévision, qui opposa Kennedy à Nixon, et permit à JFK de l'emporter au finish avec 200 000 voix d'avance sur son concurrent républicain ! Il faut préciser qu'à l'époque, 58 % des Américains avaient confiance dans leurs hommes politiques alors qu'ils ne sont plus que 19 % aujourd'hui... Ce manque de confiance dans les hommes politiques, ajouté à l'hypertrophie du consensus idéologique, produit aux États-Unis des situations d'exclusion que nous pourrions bien voir naître un jour en France si nous n'y prenons garde : « Chez les Américains, explique Roland Cayrol, on en arrive à un véritable fossé entre les groupes minoritaires, qui représentent pourtant la moitié de la population, et le système politique. La télévision ne fait que manifester ce phénomène. Pour un Portoricain de vingt ans vivant à New York le débat Dukakis-Bush n'a aucun intérêt parce qu'il sait qu'il ne changera rien à ses conditions d'existence. Les États-Unis ont fini par établir un système démocratique réservé à la moitié de la société... Nous sommes bien loin du modèle décrit par Tocqueville au XIXe siècle ! En France, nous avons la chance que la politique soit encore lourdement chargée de symboles et que la télévision tente de s'adresser à tous. De ce point de vue, nous sommes très en avance sur les Américains. » Lesquels pratiquent effectivement une télévision de classe à cent lieues du fameux *melting pot* tant vanté dans nos livres d'histoire !

De Londres à Paris, de New York à Rome, la télévision moderne des pays démocratiques développés modifie peu les opinions : « Prenons l'exemple des récentes élections britanniques, explique Theodore Zeldin. Les conservateurs ont fait — d'un avis unanime — une mauvaise campagne à la télévision ; ils se sont d'ailleurs retournés contre leur agence de publicité. Les travaillistes qui avaient commencé très bas dans les sondages ont fait, au contraire, une campagne très efficace qui a transformé l'image de M. Kinnock et ils ont gagné des voix. La télévision n'a pas empêché Mme Thatcher de remporter les élections, mais un déplacement de voix avait eu lieu [8]. »

La télévision ne fait donc pas une élection. Mais fait-elle un homme politique : Le Pen est-il le monstre né de ses œuvres ?

## Le phénomène Le Pen

Quel dîner parisien n'a pas accusé la télévision d'avoir créé le « phénomène Le Pen » ? Il est en effet de bon ton dans de nombreux cénacles de faire porter aux journalistes la responsabilité du succès électoral du Front national : à force de l'inviter dans les grandes émissions politiques, ils lui auraient décerné un brevet de moralité qu'il ne mérite pas. Même si

8. Theodore ZELDIN, *Les Dossiers de l'audiovisuel*, n° 17.

ce jugement sévère comporte une part de vérité, il doit être fortement nuancé : la télévision n'est pas la cause, mais le relais d'un phénomène qui la dépasse. « Quand on dit ''C'est la télévision qui a créé Le Pen'', c'est faux », estime Anne Sinclair, directement concernée par cette accusation avec son émission « Questions à domicile ». « Le Pen a été créé par les élections municipales de Dreux et la montée de la xénophobie dans le pays. »

Le phénomène Le Pen est né dans la société et dans la politique, la télévision jouant uniquement un rôle de « médiatiseur ». « Ce qui a fait Le Pen, confirme Roland Cayrol, c'est la crise, l'immigration, l'insécurité et le lien que font ceux qui sont sensibles à ces questions. Le Pen a su cultiver ce terreau et profiter des erreurs politiques de ses adversaires, notamment la gauche. En faisant de Le Pen une sorte d'apprenti sorcier, en l'aidant à monter avec la proportionnelle pour diviser la droite, elle a valorisé le phénomène que la télévision a multiplié. » « Il y a toute une série de facteurs qui pèsent beaucoup plus lourd que la télévision, ajoute Jean-Louis Missika. Ils sont d'ordre sociologique, économique et politique. C'est tout de même la France qui meurt qui vote Le Pen ! C'est la France qui disparaît, la France de ceux qui ont perdu leur emploi dans le Nord et le Sud, la France des petits commerçants et des artisans qui vont se faire lessiver par les grandes surfaces. Ainsi, on peut se demander si la prégnance de l'extrême droite en France n'est pas liée à la lenteur avec laquelle notre pays a réalisé sa modernisation économique par rapport à ses voisins comme l'Angleterre ? »

Cette explication comporte une part de vérité, mais on peut penser que la cause profonde de la montée de l'extrême droite en France se trouve sans doute dans la faillite de notre classe politique face aux effets de la crise économique. De ce point de vue, la gauche porte une lourde responsabilité : en passant sans transition du discours de la CGT — « Sauvons l'outil de travail », « Ne changeons rien » — au discours de l'entreprise vantant les mérites du libéralisme comme solution miracle, elle a troqué une erreur d'analyse contre une autre. La vraie question était de se demander : comment moderniser sans détruire les fondements de la solidarité sociale, les bases de l'État et de la vie en société ? A partir de 1983, la gauche ne s'est plus posé cette question et a donné à la nation qu'elle était censée représenter le sentiment que toutes les valeurs qu'elle revendiquait ne voulaient plus rien dire. C'est dans cette brèche-là, dans ce soudain « néant des valeurs » que Le Pen s'est engouffré. Pour convaincre les « âmes perdues », il lui a suffi de revendiquer le retour à la loi du plus fort et le remplacement de l'État médiateur par l'État oppresseur.

Si l'on est prêt à accepter l'importance de telles analyses, force est de relativiser le rôle des médias dans l'explication du phénomène Le Pen qui, pourtant, bat régulièrement des records d'audience... Grâce aux journalistes ! « Pendant longtemps, nous n'avons pas su l'interroger, reconnaît Anne Sinclair. Nous avons commis une erreur de... culpabilité en ne le traitant pas comme un homme politique ordinaire. Nous nous sommes mués en procureurs et, chaque fois, nous l'avons servi. Nous l'avons diabolisé en lui accordant un statut de victime qui, finalement, lui a été très bénéfique.

« Il ne fallait pas le transformer en martyr mais le coincer sur ses terrains faibles. Il ne fallait rien laisser passer de toutes ses contre-vérités affirmées avec une assurance déconcertante. On a eu des réflexes qui n'étaient pas appropriés... des réflexes de démocrates face à quelqu'un qui ne l'est pas. Nous avons été plus citoyens que journalistes. C'est là tout notre problème. On peut être en accord ou en désaccord avec les autres hommes politiques, mais il y a entre nous un minimum de respect mutuel que je n'ai absolument pas pour Le Pen. »

Parce qu'il est truculent, bonimenteur et bon débatteur, parce qu'il ne se laisse jamais dérouter face à des journalistes qui « ne savent pas comment le prendre », Le Pen peut sortir tranquillement des mensonges du style « le SIDA se transmet aussi par la sueur » sans être contredit par les journalistes de « L'Heure de vérité ». « Nous ne sommes pas là pour débattre mais pour faire ressortir la vérité du personnage, répond François-Henri de Virieu en guise de justification. Si l'homme politique ment, c'est son droit. » Mais que se passe-t-il pour tous ceux qui auront pris telle ou telle affirmation pour argent comptant ?

De toutes les émissions politiques de la télévision, c'est en effet « L'Heure de vérité » qui fait figure de principale accusée depuis ce soir de février 1984, étape décisive dans la carrière du président du Front national. « Fallait-il l'inviter ou pas, ça m'a empêché de dormir toute la nuit », confesse François-Henri de Virieu tout en reconnaissant qu'il était bien difficile de faire autrement après le succès de Dreux. « En valorisant Le Pen, ''L'Heure de vérité'' a donné brevet aux autres journalistes pour l'inviter, explique Roland Cayrol. On le voit beaucoup, il est bon, donc on peut l'inviter. » Et c'est ainsi que Le Pen est devenu inévitable.... sauf à Europe 1 d'octobre 1986 à novembre 1987, où il ne fut pas invité une seule fois parce qu'il s'en était pris publiquement et personnellement à des journalistes juifs de la station. Il ne revint que le 30 novembre dans l'émission de Jean-Pierre Elkabbach, l'une de ses « victimes », qui pourtant l'interviewa comme un journaliste, ce qui ne dut pas être facile.

Anne Sinclair, cible régulière des mêmes attaques antisémites de la part des amis de Le Pen, raconte : « Je sais que je suis face à un antidémocrate, je prends sur moi et je fais mon métier comme nous l'avons fait avec Jean-Marie Colombani lors de notre ''Questions à domicile'' chez Le Pen, en Bretagne. Nous l'avons même déstabilisé en rediffusant le ''détail''. A la suite de cette émission, j'ai reçu entre 500 et 600 lettres de haine comme de ma vie je n'en avais jamais vues. J'en ai donné quelques-unes à Jean-François Kahn, afin qu'il les ressorte à ''L'Heure de vérité'' pour dire à Le Pen : ''Voilà ce que vous déclenchez.'' Lui aussi l'a déstabilisé. Aucun autre homme du vivier politique ne déclenche de pareils réflexes. Ces lettres, elles n'étaient pas anonymes mais signées et contenaient des attaques d'une violence effrayante, à faire froid dans le dos. Là-dessus je partage le point de vue exprimé par Michel Hannoun dans son rapport : ''Dans ce pays il n'y a pas forcément plus de racistes qu'avant mais ceux qui le sont, le sont davantage.'' Le Pen leur a permis de se libérer. Grâce à lui ( !) il n'est plus scandaleux, il n'est plus honteux d'avouer qu'on porte en soi ces réflexes-là... Pourtant, je me sens très tranquille parce que, heureusement, la démocratie est plus forte que Monsieur Le Pen. »

Souhaitons qu'Anne Sinclair ait raison. Faute d'un ressaisissement radical de la classe politique — et surtout de la gauche —, il est en tout cas probable que nous reverrons encore longtemps le président du Front national et ses nervis flatter les plus bas instincts des gens simples ou intéressés, avec le soutien d'une droite sans morale. L'exclusion a encore de beaux jours politiques devant elle, pour la plus grande honte de ceux qui préfèrent se décharger à bon compte sur les journalistes plutôt que d'attaquer le problème de front.

Le phénomène Le Pen est donc dans la société, mais l'effet est indiscutablement dans les médias : « Il est le revers dangereux de l'effet médiatique, écrit Daniel Sibony, où un public supposé immature, et rendu immature, est mis comme ''en traitement'' chez les médiatiseurs soucieux surtout de faire tourner leur petit spectacle [9]. »

9. Daniel SIBONY, art. cit.

# 11

# Le spectacle de la politique

Parce qu'elle est spectacle, la télévision a dû s'inventer des mises en scène de la politique. Pour créer des situations dramatiques nouvelles qui attirent le public, elle a réuni journalistes et réalisateurs, devenus en quelque sorte les directeurs d'acteurs d'un nouveau genre que l'on connaît sous le nom d'« hommes politiques ». De « A armes égales » à « L'Heure de vérité » en passant par « Cartes sur table » ou « Questions à domicile », ils ont mis en place des émissions et des programmes liés au rôle et à la présence de l'homme politique. Puis, de spécialisé, le spectacle est devenu général et l'on a vu l'homme politique-acteur chanter dans des émissions de variétés, participer à des jeux télévisés, pratiquer l'introspection devant des millions de téléspectateurs ou nous faire pénétrer dans l'intimité de ses appartements. Parce que l'acteur doit être une vedette s'il veut rencontrer le succès, l'homme politique se laisse prendre au piège des gens de médias et de ses « conseillers en image » qui lui font faire tout et n'importe quoi et confondent la télévision avec l'Alcazar.

Quel était l'intérêt politique pour Lionel Jospin de chanter *Les Feuilles mortes* dans une émission de variétés, ou celui de François Léotard en interprétant *L'Ajaccienne.* Qu'a apporté à MM. Mermaz, de Charette, Lang ou Descamps leur participation à l'émission-jeu de TF1 « Tournez manège », à part le fait d'empocher 4 000 francs que certains ont eu le culot de garder pour eux ? Sans doute quelques points de plus dans les sondages, que leurs collaborateurs étudient comme le thermomètre d'un malade, et beaucoup de ridicule.

Plus sûrement faut-il y voir, avec Alain Touraine, « le résultat mécanique d'une incroyable dissolution de la vie politique qui, contrairement à ce que l'on dit, n'est pas la faute de la télévision. Quand on n'a plus rien à dire il n'y a plus qu'une chose qui compte, c'est la manière de le dire ». Mais le spectacle de la politique, la mise en scène de la parole, c'est d'abord dans les émissions politiques qu'il faut les chercher.

## Les grands spectacles

L'organisation méthodique du spectacle de la politique n'a pas attendu la naissance de la télévision ! Souvenons-nous des grand-messes organisées par le régime nazi sous la responsabilité de Goebbels, premier grand praticien de la propagande moderne, souvenons-nous de Mussolini et de Staline. « La politique dans cette période, écrit Max Gallo, est un spectacle presque classique. La référence au théâtre et au cinéma (Mussolini crée Cinecitta et la Russie de Staline est le pays d'Eisenstein) est claire. Le ''spectateur'' est la foule : grandes places, grandes salles, superproductions pour un *one man show* : celui du leader unique qui terrorise et fascine.[...]. On applaudit tête renversée. Le spectacle doit magnifier et engourdir.[...] C'est le spectacle qui fait ''exister'' le spectateur[1]. »

Quelles différences y a-t-il entre cette description de manifestations à caractère totalitaire et les spectacles démocratiques que montent aujourd'hui nos hommes politiques en campagne ? Qu'ils s'appellent François Mitterrand ou Jacques Chirac, n'ont-ils pas recherché les mêmes effets à travers les grandes célébrations de Toulouse et de Bercy ? Et les Américains ? L'austère Dukakis n'a-t-il pas dû sacrifier aux exigences du spectacle lors de la convention démocrate de juillet 1988 ? « Les cérémonies d'ouverture, comme les trois jours qui vont suivre, raconte Marc Kravetz envoyé spécial de *Libération*, sont

1. Max GALLO, *Après-demain*, n° 293-294, avril-mai 1987.

d'abord un spectacle rigoureusement conçu comme tel et longuement répété. Deux des meilleurs producteurs de télévision de Hollywood, Gary Fancy et Dwight Hemion, sont chargés d'en assurer le bon déroulement... "Tout pour les télés" : le mot d'ordre est en effet passé. Depuis que les grandes chaînes américaines ont pris la décision de réduire leur "couverture" de la convention à deux heures de *prime time* chaque soir, les stratèges du parti ont pris les mesures nécessaires pour ne rien perdre de ces précieuses cent vingt minutes. Les principaux intervenants, sénateurs ou gouverneurs de poids pour la plupart, ont été priés de limiter leur discours à quinze minutes maximum... Une véritable armée de *speechwriters* (assistants à l'écriture ou à la réécriture des discours) a été mise à leur disposition par les organisateurs qui veilleront aux ajustements nécessaires pour ne pas lasser le téléspectateur et garder un rythme haletant au spectacle [2]. » Près de quinze mille journalistes ont assisté à cette convention transformée en un studio géant de télévision...

Sur la piazza Venezia, Mussolini jouait aussi des couleurs, des projecteurs et de la musique, mais sans la télévision. Idéologiquement, Dukakis n'a bien sûr rien à voir avec Mussolini, et pourtant il fait appel aux mêmes procédés pour organiser le spectacle de son adresse aux Américains. A quarante années de distance, la propagande porte une nouvelle fois la preuve qu'elle se moque des idéologies : elle n'est la propriété de personne mais appartient à tout le monde. Elle n'est qu'une technique au service de n'importe quelle cause, qu'elle soit « bonne » ou « mauvaise » n'est pas son affaire. La propagande ne se pose pas de questions morales [3].

Grands spectacles au service de la propagande ou de la parole politique, à la télévision, ils se nourrissent tous du cinéma et du théâtre à la fois, en jouant sur l'intimisme

2. Marc KRAVETZ, *Libération*, 19 juillet 1988.

3. Sur ce thème, on consultera avec profit les travaux de Jacques ELLUL : *Propagandes*, Armand Colin, Paris, 1962 ; *Histoire de la propagande*, PUF, coll. « Que sais-je ? », Paris, 1967.

comme « Questions à domicile » ou sur l'affrontement comme « L'Heure de vérité » et, avant elle, « Cartes sur table ». « L'émission était construite sur une dramaturgie de la tension, raconte Jean Cazenave, le réalisateur de l'émission. Nous avions conçu un studio tout noir, une table toute petite qui rapproche les interlocuteurs à se toucher, à portée de gifle, comme nous disions. Il fallait que l'homme politique interrogé se sente pris en tenailles. » La grande force de cette émission, qui suscita le « Taisez-vous Elkabbach » de Georges Marchais et le « petit télégraphiste de Varsovie » dont François Mitterrand affubla Giscard, tenait à son rythme et à la tension qui ne se relâchait pas. Les questions succédaient aux questions, plus Elkabbach et Duhamel étaient bons et incisifs et plus leur interlocuteur-adversaire donnait le meilleur de lui-même. « Nous avons introduit le droit de suite à la télévision », aime à répéter Alain Duhamel.

C'est justement ce que réclament les plus éminents de nos hommes politiques, comme le président de la République. Ils estiment qu'en France les journalistes qui animent les émissions politiques ne suivent pas assez. Ils partent sur un thème et l'abandonnent très vite et du coup les empêchent de dire ce qu'ils ont à dire, même sur une courte durée, ou les obligent à faire des « tunnels » qui distraient l'attention des téléspectateurs. Ceux qui connaissent aussi bien leurs dossiers que les journalistes américains sont rares. Ainsi, lors de sa participation à l'émission de la chaîne NBC, « Meet The Press », le président de la République a-t-il été très impressionné par le professionnalisme de ses animateurs. L'émission dure vingt-trois minutes et pour être efficace ne supporte pas les temps morts. Avant son intervention, il avait été prévenu qu'il fallait répondre vite aux questions. Le chancelier ouest-allemand Helmut Kohl, invité quelques semaines avant lui, n'avait fait que six réponses, les producteurs n'avaient pas aimé... Le président a réussi à en faire treize. Parce que les journalistes connaissaient bien leurs dossiers et suivaient: Il prit du plaisir à ce jeu intellectuel et vivant.

Rebondir, suivre est théoriquement le principe de « L'Heure de vérité » également construite selon la dramaturgie de la tension. « Tout le décor a été conçu pour alimenter un "principe d'inconfort", explique son producteur François-Henri de Virieu. Il y a en premier lieu l'entrée dans le studio qui se fait sur un générique brutal, presque angoissant, et où il ne faut pas trébucher. L'estrade circulaire sur laquelle prend place l'invité est surélevée à la manière d'un ring. Audessus de lui, l'éclairage, bas et violent, accentue l'effet "table d'opération". Les chaises sont petites et peu confortables. But : obliger l'homme politique à bouger et, partant, à s'exprimer en partie avec son corps [4]. » Mais le spectacle n'est pas seulement sur la scène, il est aussi dans la salle, sur les gradins où s'installent les invités soigneusement sélectionnés et disposés par les hommes politiques. « Le choix des invités, c'est un moyen de distiller un message parallèle au discours politique de l'arène », précise François-Henri de Virieu. Car c'est bien d'une arène qu'il s'agit avec son gladiateur qui se bat contre les fauves devant un public qui le juge et le sanctionne instantanément par le biais du « sondage » minitel.

Ce n'est pas autre chose que le grand jeu de la « démocratie cathodique », qui le 2 décembre 1987, permit à Laurent Fabius de faire enfin oublier sa désastreuse « prestation » (encore un mot emprunté aux professionnels du spectacle...) contre Jacques Chirac. Interrogé presque exclusivement sur les « affaires », il ne pouvait cacher son agacement qui se traduisit aussitôt en sondage instantané de la Sofres par un verdict sans appel : 33 % seulement des sondés le croyaient sincère. Il prit le mors aux dents et demanda « trois minutes » pour s'expliquer avant que l'on ne repose la question. Au bout de trois minutes de colère et d'index accusateur, il afficha 50 % de sondés qui croyaient à ses arguments. . et se fit applaudir par la salle qui d'habitude n'intervient jamais. Un

4. François-Henri DE VIRIEU, producteur de « L'Heure de vérité », *Valeurs actuelles* 22 février 1988.

nouveau pas était franchi dans le spectacle de la politique, fondé sur le risque directement pris en face des téléspectateurs censés représenter l'opinion grâce au minitel.

## Un simulacre de démocratie ?

Ce sondage minitel de « L'Heure de vérité » a suscité les plus vives critiques des spécialistes : il fut longtemps présenté aux téléspectateurs comme une photographie instantanée de l'opinion, et les animateurs de l'émission jouent encore largement sur cette ambiguïté. Combien de fois n'avons-nous entendu François-Henri de Virieu dire : « Voilà ce que pensent les Français » ? Or, le sondage en question ne reflète pas l'opinion des Français, mais celle des quelque 500 minitélistes qui suivent l'émission... Lorsqu'on sait que 57 % de Français n'ont jamais vu « L'Heure de vérité », on est en droit de douter du caractère « significatif » d'un tel sondage ! Ainsi, Laurent Fabius n'a-t-il pas modifié « l'opinion des Français », mais seulement celle des téléspectateurs qui faisaient partie du « panel ». Un panel télématique de ce type n'a de surcroît rien à voir avec les échantillons aléatoires que l'on retrouve dans tous les sondages d'opinion classiques : il se constitue en téléphonant à des téléspectateurs à qui l'on demande s'ils acceptent de devenir des sondés professionnels. Une fois leur accord donné, ils s'engagent par écrit à regarder l'émission et à répondre aux questions du minitel. Pour pouvoir faire partie du panel, il faut bien sûr posséder un minitel et un téléphone, mais aussi s'intéresser suffisamment à la politique pour accepter d'être dérangé une bonne quinzaine de fois dans l'année... Autant de conditions qui pipent les dés de la pseudo-démocratie cathodique. En faisant croire aux téléspectateurs que Jean-Marie Le Pen ou Laurent Fabius ont agi de telle ou telle manière sur « l'opinion française », on joue sur une dangereuse illusion de la démocratie directe, on joue avec le feu sur lequel le leader du Front national sut si bien souffler.

« Les médias exercent sur les instituts de sondage une demande de plus en plus pressante de réponses immédiates, indique Roland Cayrol, qui dirige lui-même un institut de sondage. La seule réponse scientifique devrait être : on ne sait pas faire. Mais admettons que le problème scientifique soit résolu ! Les réponses ne sont que des réactions d'un moment, émotionnelles, à une image : le fait de les montrer immédiatement sur un écran avec des chiffres leur donne une réalité beaucoup plus forte. Il les réalise. Résultat : on utilise ce sondage pour dire à l'opinion ce qu'est l'état de l'opinion pour influer sur l'opinion ! Du point de vue de la démocratie, c'est ce qui me gêne le plus. »

A l'opposé de « L'Heure de vérité », version *hard* du spectacle politique, « Questions à domicile » en est la version *soft*. En jouant sur la personnalisation et l'intimité de l'invité, la dramaturgie cherche à établir une relation de connivence et de confiance entre l'homme politique et le citoyen. Rien ne manque au décor pour créer une atmosphère conviviale : l'épouse, la visite de la cuisine et de quelques pièces bien choisies où l'on a soigneusement sélectionné et disposé les objets et photos de famille ou de références politiques... Anne Sinclair l'analyse comme un facteur de réussite : « Ce qui nous intéresse, précise-t-elle, c'est de montrer un petit peu de l'environnement de l'homme politique. Nous pensons que c'est un peu révélateur de son tempérament et symbolique de son parcours, mais il faut faire attention, si on ne fait que du portrait, on finit par ressembler aux pages *people* des magazines. » C'est justement là qu'il y a problème : le caractère intime et personnalisé de l'émission ne risque-t-il pas de dissimuler le message politique ? Anne Sinclair répond que le public connaît à l'avance le discours possible des hommes politiques, présupposant ainsi qu'ils n'ont pas grand-chose à dire et qu'ils se renouvellent peu !

Max Gallo, pour ne pas être impliqué, hésite quant à lui, entre le tissage de nouveaux rapports hommes politiques/citoyens et le comble de la mise en scène et du trucage :

« En quoi présenter l'intimité d'un homme politique aide-t-il à comprendre les ressorts d'une politique ? Quand la caméra s'attarde sur un roman de Duras placé bien en évidence sur une table basse, cela nous renseigne-t-il sur les choix économiques et sociaux du leader [5] ? » Et l'écrivain de préciser qu'en occupant l'écran, la star politique « masque les vrais rouages, les rapports de force qui sous-tendent les choix politiques », avant de poser la question clé de toute critique sur le spectacle de la politique : « Quand donc le spectateur sera-t-il traité en citoyen ? »

Voilà une question que ne se sont pas posée les responsables de TF1 lorsqu'ils ont décidé d'organiser « Montand à domicile » ! Le scandale qui a éclaté à cette occasion à propos du salaire de Montand a révélé tout le côté absurde du spectacle de la politique : si l'homme politique devient acteur, alors, en effet, pourquoi un acteur ne deviendrait-il pas homme politique... Comme Reagan, par exemple ? Et c'est là que se pose le problème de la légitimité : celle de l'homme politique vient des suffrages qui l'ont élu, celle de l'acteur vient de son talent. Il se monnaie en argent et non en suffrages. Montand a donc eu raison d'exiger un cachet, son talent le mérite, mais il a eu tort de jouer complaisamment au « présidentiable ».

A chacun son métier... Puissent nos hommes politiques ne pas l'oublier !

## Journalistes et politiques : les associés rivaux

Alors qu'ils sont étroitement dépendants les uns des autres, hommes politiques et journalistes entretiennent pourtant des relations conflictuelles qui tiennent non seulement aux enjeux de pouvoir mais encore à des logiques quelquefois contradictoires. Alors qu'ils sont appelés à se soutenir, à être soli-

5. Max GALLO, art. cit.

daires, ils ne parviennent pas toujours à se comprendre. Pour Thierry Pfister, journaliste et ancien conseiller de Pierre Mauroy à Matignon, cette incompréhension tient essentiellement à « une perception différente du temps ». « Non, toutes les journées n'ont pas 24 heures, affirme-t-il. Ou plus exactement, le temps ne s'écoule pas à la même vitesse selon que vous devez alimenter une radio, réaliser un hebdomadaire, écrire un livre ou gérer une société. Pour l'homme de radio l'unité de mesure c'est l'heure, pour l'hebdomadaire, le jour ; pour l'écrivain, le mois et pour le gouvernement, l'année. Pourtant tous parlent dans la même unité de temps, celle qu'égrène l'horloge[6]. »

Pour appuyer sa démonstration, Pfister cite l'exemple des communications du gouvernement, qui font aussitôt l'objet de commentaires dans les médias donnant le sentiment aux téléspectateurs que la décision est déjà prise. Pourtant, entre ce moment-là et celui où sera vraiment prise la décision, il se déroule souvent plusieurs mois de discussions au Parlement : « Pour le citoyen, précise-t-il, un tel décalage entre l'annonce et sa concrétisation, entre l'instant du débat public et le moment où la mesure interfère dans sa réalité quotidienne, n'en demeure pas moins incompréhensible. Il entend parler de décisions dont il ne constate pas les effets. » Voilà pourquoi les journalistes se posent tant de questions à chaque conseil des ministres où nous savons que sera prononcée une importante communication. Souvent, nous nous disons : « Attendons le vote de la loi », et chaque fois, crevant d'impatience, nous ne savons résister au conseil des ministres ! Il n'est d'ailleurs pas rare que des téléspectateurs téléphonent après avoir entendu le journaliste spécialisé ou le ministre commenter son projet, en s'étonnant de ne pas avoir constaté d'applications.

La communication gouvernementale doit donc s'adapter tant bien que mal à cette « nécessité » médiatique qui cultive l'immédiat contre le long terme, l'impatience contre la durée

---

6. Thierry PFISTER, art. cit.

et oblige les hommes politiques à s'aligner sur ces normes... Ce n'est pas autrement qu'est née la mode des petites phrases ! Dans ce cas, c'est le journaliste qui tient le manche de la communication, mais il est des situations où il doit se soumettre à plus fort que lui. De ce point de vue, la campagne présidentielle de 1988 est une bonne illustration des limites du pouvoir des journalistes sur les hommes politiques.

A cette occasion, ces derniers ont en effet totalement maîtrisé leur « agenda », pour reprendre l'expression du politologue américain Mac Comb. Par exemple, les journalistes n'ont eu aucune prise sur l'organisation du débat Mitterrand-Chirac : tout s'est passé entre les états-majors, jusques et y compris le choix des journalistes arbitres du débat ! « Logiquement, dans une démocratie, explique Jean-Louis Missika, il y a d'un côté un pouvoir politique avec des candidats censés faire campagne, et de l'autre un pouvoir journalistique avec des professionnels censés construire les meilleures conditions de transmission de l'information aux citoyens. Il est donc de leur responsabilité de définir les conditions de transmission de l'information, même si elles doivent se négocier. Là, on a eu le sentiment que les journalistes ont entériné une décision dont ils avaient été exclus. » La même analyse vaut pour la déclaration de candidature du président de la République, qui a décidé de se présenter très tard. Il l'a fait quand il l'a voulu, et personne n'est parvenu à lui forcer la main. Dans une campagne essentiellement tactique, du fait de cette incertitude, les hommes politiques ont parfaitement maîtrisé leur calendrier sans qu'aucun journaliste ne vienne perturber leurs prévisions. Au lieu de prendre l'initiative, ils se sont pliés aux exigences des candidats qui ont distribué leur propre *casting* !

Quant aux thèmes de campagne, à l'exception d'un seul, ils ont tous été choisis par les hommes politiques ; les médias n'ont joué aucun rôle dans l'émergence de ces thèmes : « Le seul à l'origine duquel fut la presse, rappelle Jean-Louis Missika, c'est celui des alliances partisanes. Encore faut-il revoir comment cela s'est passé ! *Le Monde* a d'abord publié un article sur les négociations RPR/UDF, mais elles ne sont devenues un thème de campagne — c'est là toute l'horreur du système français — qu'après la publication dans le même journal de l'article de Balladur. La légitimité est venue de la classe politique. Il a fallu qu'un homme politique donne son "imprimatur" pour que les journalistes disent : "C'est important"... Cela paraît incroyable à un Américain ou un Anglais, mais les journalistes français ne s'en formalisent pas outre mesure ! »

Quel contraste en effet avec les pratiques en vigueur outre-Manche et outre-Atlantique, où il serait impensable qu'un président ou un Premier ministre « s'impose » dans telle ou telle émission ! Souvenons-nous de ce refus opposé par toutes les chaînes américaines au président Reagan lorsqu'il voulut lancer, en mars 1988, un appel solennel « à la nation » à la veille d'un vote décisif du Congrès sur l'aide à la Contra du Nicaragua. CBS, ABC et NBC répondirent en chœur : « Vous n'avez rien de nouveau à dire, monsieur le président » ! Seule CNN, la chaîne spécialisée dans l'information, accepta de diffuser le message présidentiel qui, bien sûr, tomba complètement à plat... Au même moment, NBC diffusait une série au titre de circonstance : « Qui commande ici ? »

Reste enfin la relation à l'homme politique au moment de l'interview. Elle sera d'autant plus déséquilibrée que le journaliste sera peu connu. Dans ces circonstances, la notoriété est un avantage non négligeable à condition de savoir s'en servir, comme Anne Sinclair, par exemple : « Dans ce métier d'hommes qui est dur et âpre, j'ai réussi à m'imposer en tant que femme. Non seulement je suis reconnue comme journaliste à part entière mais j'ai le privilège de la minorité ! Être femme est un avantage supplémentaire. On peut poser des questions très dures dans le fond avec un grand sourire ce que je ne me prive pas de faire... Quand on est une femme il est beaucoup plus difficile à l'homme politique qui est en face de vous dire : "Taisez-vous, Sinclair !" »

Tant que nous nous efforcerons d'être des rabat-joie et des empêcheurs de parler faux, la démocratie ne sera pas en péril.

Mais cela ne suffira pas, tant les rapports entre démocratie et médias sont complexes. Leurs exigences respectives ne sont toutefois pas incompatibles, et leur couple survivra pour autant que l'un et l'autre se respectent, pour autant que nous soyons tous vigilants, journalistes, consommateurs et décideurs.

L'article 11 de la Déclaration des droits de l'homme pose en principe « la libre communication des pensées et des opinions ». A nous tous, chacun à notre place, de faire respecter ce principe fondamental. Les médias, élément aujourd'hui déterminant de l'éducation civique, sont au centre d'une gigantesque bataille qui doit être gagnée par ceux qui croient plus à l'éthique démocratique qu'aux affaires.

La télévision a élargi l'espace public pour l'accès de tous aux « biens culturels » et au savoir, nous n'avons pas le droit aujourd'hui de l'abandonner aux marchands du Temple.

# En guise de conclusion... provisoire

« LA TÉLÉ EST A NOUS ! »

On ne pouvait trouver meilleur slogan pour mener le combat de la nouvelle citoyenneté cathodique ! Il a donné son nom à une association née de la révolte contre la privatisation de TF1 et la loi Léotard [1]. Composée d'usagers, de collectivités et de professionnels de la télévision, elle s'est fixé pour objectif essentiel « que les citoyens cessent d'être des consommateurs passifs de produits télévisuels mais participent à l'élaboration de la politique audiovisuelle »... Juste cause perdue maintes fois dans le labyrinthe de l'oubli jusqu'à ce jour. Par exemple, qui se souvient encore du Conseil national de l'audiovisuel conçu dans la foulée de 1981 pour « donner la parole aux usagers » ? Personne.

Ils sont pourtant les premiers intéressés par ce que fabriquent quotidiennement nos grandes usines médiatiques, ils sont les premières victimes de leur raz de marée d'images et n'ont que le *zapping* (refus d'une consommation pour une autre) ou la position « arrêt » pour se défendre. Ils se battent seuls contre des géants qui entretiennent le mythe de leur force et rendent vite les armes faute de capitaines. On les épie, on les contrôle, on les sonde, on les mesure, on les surveille comme le lait sur le feu, non pas pour savoir ce qu'ils pensent — on s'en fout — mais pour gagner encore un peu d'argent sur leur dos. Taisez-vous les veaux !

Ils financent pendant un quart de siècle la première chaîne

1. « La télé est à nous ! », 1, rue Paul-Baudry, 75008 Paris.

du pays, on la leur vole pour la vendre à un bétonneur. Et quels relais trouvent-ils dans le pays pour crier au scandale ? *Télérama* et *L'Événement du jeudi* — qui méritent un coup de chapeau ! Mais deux hebdomadaires pour protester contre une spoliation nationale, c'est peu ! En même temps qu'inquiétant sur la capacité de notre presse à se faire le relais de l'opinion — ce qui est après tout son rôle essentiel — sur un sujet aussi sensible !... A moins que dans sa majorité elle n'ait partie liée avec les nouveaux maîtres cathodiques ?

Oui, la télé est à nous et, chacun à notre place, nous avons à le dire haut et fort. Parce qu'elle est une entreprise culturelle, parce qu'elle nous informe, parce qu'elle s'adresse à nos enfants, parce qu'elle nous socialise, nous devons exercer sur elle la vigilance qu'elle mérite. Après tout, nous sanctionnons les représentants élus de la nation : pourquoi la télévision, qui est censée nous représenter, ne serait-elle pas soumise à la même règle démocratique ? Puisque la télévision, comme l'État, nous appartient, que ce dernier assume sa responsabilité et donne aux citoyens-usagers que nous sommes tous les relais démocratiques suffisants pour nous exprimer et agir. Quelle tristesse de constater que le pays des Droits de l'homme et de la Révolution ne sait toujours pas exercer un contrôle « populaire » sur le Gulliver cathodique. Au pays des grandes gueules, les téléspectateurs n'ont acquis que le droit de la fermer. C'est tout de même un comble ! Nos cousins d'Amérique du Nord, les Canadiens, savent depuis longtemps ce que démocratie cathodique veut dire : l'Association des téléspectateurs de Montréal, authentique groupe de pression de téléspectateurs enfin citoyens, est devenue l'interlocuteur obligé des télévisions.

N'attendez pas que les géants cathodiques meurent du péché d'orgueil à force de vous avoir pris pour des imbéciles. Faites renaître la démocratie « des petits bouts » comme dirait Alain Touraine, celle des relais associatifs et des lobbies, celle qui mord là où cela fait mal, celle qui passe pour une emmerdeuse... Ils finiront par vous respecter. Ces géants-là ont le pied fragile même s'ils le cachent bien !

Paris, août 1988.

# Table

## *II. LA GRANDE FAMILLE CATHODIQUE*

## *III. LA TÉLÉVISION CONTRE LA DÉMOCRATIE?*

Composition Facompo, Lisieux (Calvados)
Achevé d'imprimer en octobre 1988
sur les presses de la SEPC, Saint-Amand (Cher)
Dépôt légal : octobre 1988
Numéro d'imprimeur : 2081
Deuxième tirage : 10 000 à 15 000 exemplaires
ISBN 2-7071-1790-0